岐黄一甲子

石学敏传

天津中医药大学第一
附属医院针灸临床部 编著

天津出版传媒集团

天津人民出版社

图书在版编目（CIP）数据

岐黄一甲子：石学敏传 / 天津中医药大学第一附属
医院针灸临床部编著 . -- 天津：天津人民出版社，
2022.10

ISBN 978-7-201-18693-1

Ⅰ . ①岐… Ⅱ . ①天… Ⅲ . ①石学敏－传记 Ⅳ .
① K826.2

中国版本图书馆 CIP 数据核字 (2022) 第 145401 号

岐黄一甲子：石学敏传
QIHUANG YI JIAZI: SHIXUEMIN ZHUAN

出　　版	天津人民出版社
出 版 人	刘　庆
地　　址	天津市和平区西康路 35 号康岳大厦
邮政编码	300051
邮购电话	（022）23332469
电子信箱	reader@tjrmcbs.com

策划编辑	王　康　杨　轶
责任编辑	刘　庆
特约编辑	李佩俊
装帧设计	明轩文化 · 王　烨

印　　刷	天津海顺印业包装有限公司
经　　销	新华书店
开　　本	710 毫米 ×1000 毫米　1/16
插　　页	4
印　　张	23.25
字　　数	280 千字
版次印次	2022 年 10 月第 1 版　2022 年 10 月第 1 次印刷
定　　价	188.00 元

20世纪60年代石学敏医疗援助阿尔及利亚
时任马斯卡拉医院技术负责人

览岐黄宏阔，
共时代征程

20世纪60年代石学敏医疗援助阿尔及利亚时与当地好友合影

20世纪60年代石学敏医疗援助阿尔及利亚工作中与当地政府官员合影

石学敏青年时期留影

览岐黄宏阔，共时代征程

20世纪70年代石学敏任天津中医学院第一附属医院针灸科主任时带领团队研习中医理论

20世纪70年代石学敏任天津中医学院第一附属医院针灸科主任时为患者诊疗

20 世纪 70 年代石学敏任天津中医学院第一附属医院针灸科主任时主持业务学习

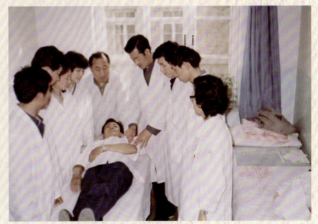

20 世纪 70 年代石学敏任天津中医学院第一附属医院针灸科主任时临床示教

20 世纪 70 年代充满朝气的针灸科创业团队

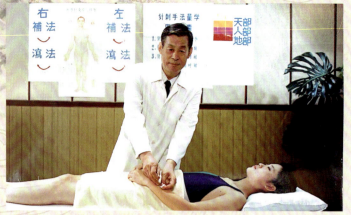

20 世纪 80 年代石学敏录制"醒脑开窍针刺法"教学视频

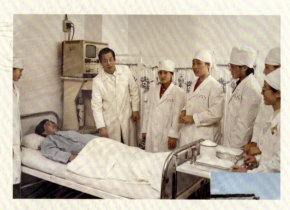

20 世纪 80 年代石学敏筹建针灸科心血管重症监护室时为患者诊疗

20 世纪 80 年代天津中医学院第一附属医院针灸学科早期脑病创新团队

20世纪80年代石学敏与学生王舒采用引进的快速
老化鼠（SAM）进行脑病基础研究

20世纪90年代石学敏
出任天津中医学院第一
附属医院院长时工作中
留影

20世纪90年代石学敏在天津中医学院第一附属医院针灸学科
展馆落成时留影

览岐黄宏阔，共时代征程

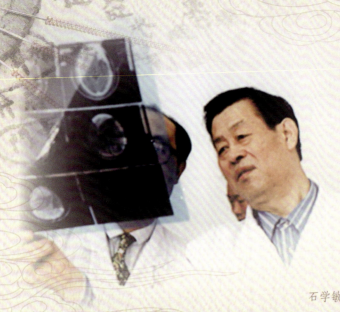

石学敏与学生研讨病例

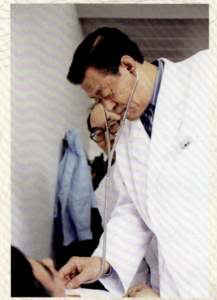

石学敏为患者诊疗

20世纪90年代石学敏在韩国学术交流现场演示针刺操作

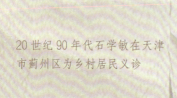

20世纪90年代石学敏在天津市蓟州区为乡村居民义诊

20世纪90年代石学敏任天津中医学院第一附属医院院长工作中留影

20世纪90年代石学敏接待时任天津市副市长俞海潮（右二）时合影

21世纪初期石学敏在门诊为学生进行针刺示教

览岐黄宏阔，共时代征程

2003 年石学敏任天津中医学院第一附属医院名誉院长时留影

20 世纪 90 年代石学敏任天津中医学院第一附属医院院长时召开工作会议

1999 年石学敏当选中国工程院院士时留影

2004年石学敏获国家优秀传承导师奖

2008年石学敏获世界中医药学会联合会王定一杯中医药国际贡献奖

2007年石学敏撰写《石学敏针灸全集》时与编委留念合影

览岐黄宏阔，共时代征程

2011年6月石学敏主持召开《中华医学百科全书》（针灸卷）
第二次编委会全体会议时合影

21世纪初石学敏与张大宁（右一）等人在天津市第三批全国师承工作
申报继承人面试时留念合影

2011 年 6 月石学敏主持中国科协南通科学国际针灸高层论坛

2019 年石学敏获"最美医生"荣誉称号时留影

2019 年石学敏在基金会成立仪式上与张伯礼合影

2021 年石学敏在深圳技术推广时与团队留影

2020 年 12 月石学敏任中国中医科学院学部委员时留影

览岐黄宏阔，共时代征程

1998 年石学敏接待时任国家中医药管理局副局长佘靖时合影

2008 年 1 月石学敏与时任卫生部副部长、国家中医药管理局局长
王国强合影

2012 年石学敏院士从医五十周年暨石学敏院士学术·管理思想研讨会留念合影

2014 年石学敏当选国医大师

览岐黄宏阔，共时代征程

20世纪90年代末
石学敏与袁家骝博
士合影

20世纪90年代末时任中国工程
院院长、两院院士朱光亚（左）
来院参观指导时留影

2000年石学敏与程莘农
合影

1994年石学敏与吴咸中（中）等合影

石学敏与韩济生合影

2008年时任天津中医药大学张伯礼校长（左）和张金钟书记（右）为石学敏祝寿留念合影

览岐黄宏阔，共时代征程

21世纪初石学敏与吴阶平合影

热烈欢迎中国工程院侯云德副院长来

21世纪初石学敏向时任中国工程院侯云德副院长（左一）介绍研究成果

石学敏与博士毕业生翟娜
留念合影

石学敏与博士毕业生李力留念合影

石学敏与博士毕业生沈晓明合影

石学敏与博士毕业生张智龙留影

石学敏与博士毕业生肖延龄（左）、赵晓峰（右）
合影

石学敏与博士毕业生王金贵（右一）等留念合影

石学敏与硕士毕业生留念合影

石学敏与学生杜宇征合影

石学敏与学生戴晓矞合影

石学敏与博士后倪光夏在博士后出站工作总结会上

石学敏与德国留学生合影

石学敏与西部之光学者樊海龙在收徒仪式上合影

览岐黄宏阔，共时代征程

20世纪80年代石学敏在日本访学交流时留影

20世纪80年代石学敏与日本四日市市长片冈先生（右一）等合影

20世纪80年代石学敏与日本学者洽谈合作留影

20世纪80年代石学敏在日本访学交流时与日本学者合影

1990年石学敏为国际学生演示针刺手法

20世纪80年代石学敏在缅甸时留影

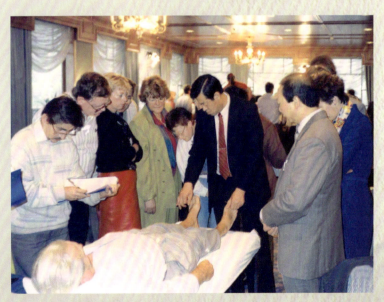

1990年石学敏在德国学术访问时现场演示针灸操作

览岐黄宏阔，共时代征程

20 世纪 80 年代石学敏在德国学术交流时与德国学者留影

20 世纪 80 年代石学敏在德国海德堡大学与 ICU 之父、生理学专家彼得·沙法（右）等合影

21 世纪初期石学敏在德国学术交流时留影

1997 年石学敏欧洲讲学时在德国库伦巴赫阿尔卑斯山脚下留影

1988 年石学敏参观智利大学
医院

20 世纪 90 年代石学敏国外访学时与诺贝尔奖获得者
乔治·夏帕克合影

20 世纪 90 年代石学敏在南斯拉夫学术交流

2000 年石学敏在
德国学术交流

览岐黄宏阔，共时代征程

20 世纪 90 年代石学敏国际访问时留影

20 世纪 90 年代石学敏在太平洋邮轮
上留影

20 世纪 90 年代石学敏在欧洲学术交流
时留影

20 世纪 90 年代石学敏在法国巴黎学术交流时留影

20 世纪 90 年代石学敏与墨西哥学生梅萨（左二）等合影

20 世纪 90 年代石学敏在瑞士中医机构诊疗

览岐黄宏阔，共时代征程

1999 年石学敏在哥伦比亚学术交流

20 世纪 90 年代石学敏在中国·天津国际针灸研讨会上做针灸演示

1986 年石学敏被授予加拿大蒙特利尔荣誉市民时与蒙特利尔市长（中）等留念合影

1987年石学敏应邀赴缅甸诊疗

20世纪90年代石学敏接待世界卫生组织官员并做针灸演示

览岐黄宏阔，共时代征程

2009 年石学敏在第
11 届国际针灸研讨
会上留影

2010 年石学敏在美国
华盛顿讲学期间留影

2010 年石学敏访美时与美国亚利
桑那州皮马中医学院院长合影

2011 年石学敏在美
国亚利桑那州讲学时
接受当地电视台采访

2010 年石学敏在美国学术交流期间留影

2010 年石学敏在德
国与赛德克市长交
谈合作事宜

览岐黄宏阔，共时代征程

2011 年石学敏应邀赴法会诊，与中国驻法国大使孔泉（中）和武官（左）亲切交谈

2011 年在中国驻法国大使馆石学敏与时任法国大使孔泉交谈

2015 年石学敏在俄罗斯交流访问时留影

2015 年石学敏在俄罗斯留影

石学敏与夫人陈健教授合影

石学敏与家人合影

石学敏与孙辈在一起

览岐黄宏阔，共时代征程

览岐黄宏阔，共时代征程

览岐黄宏阔，共时代征程

　　2009 年，我与石学敏院士共同担任第 364 次香山科学会议的执行主席。当时我们聊到针灸研究的基本科学问题时，石院士对我讲，针灸操作必须做到可量化、规范化、可重复，只有这种针灸操作才是科学的，这是针灸传承的核心内容。我对这一观点深表赞同，认为这是针灸科学化的必由之路。十几年过去了，我们分别在各自的领域辛勤耕耘，我国的针灸研究事业也取得了长足的进步。

　　我从 20 世纪 60 年代开始研究针刺镇痛的机制，我们选择电针作为研究对象，其原因之一就是因为电针的操作参数可以量化。我们规定了电针操作过程中的频率、波宽、强度、时间等因素，这样研究的结果做出来才能让人听明白、易接受，并且可以重复验证。石院士提出的针刺手法量学概念则规定了手法操作的四大要素：针刺作用力方向、针刺作用力大小、施术时间、两次针刺间隔时间。电针操作要素与石院士提出的针刺手法量学的概念可以说是殊途同归。我们都认为明确地界定手针或电针的剂量，才是后续取得临床疗效、进行科技创新的基础。

几十年来，手法量学的研究先后获得国家重点基础研究发展计划、国家自然科学基金等不同级别的科研立项资助，取得了令世人瞩目的成就。尤其是围绕着脑卒中的治疗，进行了一系列手法量学的研究与临床实践，包括取穴的先后顺序、每个穴位操作的具体要求，以及最后要达到的标准。可以说这种近乎严苛的操作标准正是针灸治疗脑卒中最终取得疗效的前提条件，石院士在这一方向上所做的大量工作奠定了现代针灸学的基础。未来后学如能继续围绕不同病症，扎扎实实地研究不同病症的手法量学操作规范，必将使古老的针灸学大放异彩，为人民健康事业作出贡献。

今年是壬寅年，上一个壬寅年是石院士步入医门的起点。转眼间，六十年过去了，我们都已步入耄耋之年。无论是针刺镇痛还是手法量学，虽然都取得了很多的研究成果，但未来还有很长的路要走，还有无限的未知领域等待年轻的针灸学者去探索、发现。

谨以此序向石院士从医执教 60 周年表示祝贺，也祝愿祖国的针灸研究事业蒸蒸日上、再创辉煌！

中国工程院院士 韩济生

韩济生　　　　壬寅年夏于北京大学

　　针灸是中医药学的重要内容，有悠久的历史，也是历代医家长期临床实践经验的总结和升华。早在距今六千年前的新石器时代就已经有了石针，在春秋战国时期出现了金属针。在《黄帝内经》成书之前已经有了《九针》《针经》等专著，而《黄帝内经·灵枢》则系统阐述了脏腑腧穴、刺灸方法、适应病证、注意事项及禁忌症等丰富内容，为针灸学奠定了坚实的理论基础。之后的历代针灸大师都在继承和发挥，如晋代皇甫谧《针灸甲乙经》、宋代王惟一铸针灸铜人、明代杨继洲《针灸大成》等，都推动了针灸学术的发展进步。新中国成立后，特别是改革开放以来，随着我国综合国力的不断增强，国际友好往来日益增多，针灸作为"友好使者"已在180多个国家和地区得到推广应用，有数十个国家将其纳入医保范围，其临床和机理研究日益深入，不断取得进展和突破。

　　在针灸学术传承的数千年中，历代皆有大师出现，在每一个历史时期，总有一些杰出的医家，勤求古训、博采众方、创新发扬，在临证实践和理论升华中开拓进取，引领针灸学术攀登一个又一个高峰。而在当代，石学敏院士便是承前启后、守正创新、推动针灸学术不断进步发展的巨匠大师。石院士行医六十年，在针灸学科深耕厚植，开拓进取，在临床救治、科学研究、学科建设、人才培养、海外交流等各方面都取得了突出成就，他为针灸学科的创新发展贡献了毕生的精力和才华，不愧被誉为"鬼手神针"。

石院士勤勉不辍，遍览典籍，结合现代医学理论知识传承创新，创立"醒脑开窍针刺法"，明确手法量学操作标准，形成以针灸、中药为特色，融急救、现代康复、心理、健康教育为一体的中风病治疗规范——石氏中风单元。

石院士学习借鉴现代科学知识和方法，较早即开始尝试用现代医学实验方法来阐明针灸效应机制，带领团队多年耕耘，取得了丰硕的研究成果，开拓了针灸现代化研究创新之路。"他山之石，可以攻玉"，我校针灸学科成为全国首屈一指的针灸医疗、教学、科研基地，更促成天津中医药大学第一附属医院的三次飞跃发展，缔造了"世界针灸看中国，中国针灸看天津"的响亮声誉。

石院士是针灸国际推广的先行者、实践者，从青年时期援助北非时就获得"针灸大使"美誉，此后，"针灸外交家"

的足迹更是遍及五大洲，银针闪耀，惠施全球，在国际上产生了重大学术影响。

石院士从医执教六十年，心存乎仁，行止于善！他崇尚"为天地立心，为生民立命，为往圣继绝学，为万世开太平"的济世仁心，针灸学术薪火相传，培育众多后学生徒，言传身教无所保留，桃李著述两相丰。他重视平台和团队建设，早在 20 世纪，针灸学科就成为国家重点学科、国家针灸临床基地，近年来更成为全国针灸临床研究中心，建成了具有一千余张床位的全国最大针灸临床中心。

新冠疫情加速了世界百年大变革，世界再也回不到过去。从中暴露出的全球卫生医药诸多问题将促进健康领域的革新和转变，中医药迎来了发展的契机便是其中之一。面对众多亟待解决的健康命题，中医药必将显示其智慧，发挥其优势，参与甚至引领生命科学领域之变革。愿后学能从石院士不凡的人生经历中有所鉴悟，寻找到通向更高学术与技艺殿堂的门径，开启中医药的新纪元、新气象、新辉煌！

岐黄一甲子，针灸六十载。国师不凡路，书传述清白。

石学敏院士传记即将付梓，作为晚生后学，从石院士处受教并与他共事四十余年，见证了针灸学科从小到大、

从大到强的发展历程，教益颇多，启迪尤深，受惠终生，
谨呈上文以感为序。

中国工程院院　士
天津中医药大学　名誉校长
中国中医科学院　名誉院长

张伯礼

张伯礼　　　　2022年夏于天津团泊潮畔

风雨兼程六十载,初心不改济苍生。

今年是国医大师石学敏院士从医执教六十周年,《岐黄一甲子——石学敏传》的出版,为读者全方位展现了先生的济世宏愿和深耕杏林一甲子的奋斗历程。银针虽小,承载着优秀中华文明为人类健康贡献的力量,故事虽短,讲述着先生为国为民弘扬国术的初心。岁月从指尖缓缓流过,六十载的艰苦耕耘。今日汇聚于此,实乃中医针灸之大幸事,欣慰之情溢于言表。

石学敏院士是享誉中外的国医大师、针灸专家,出于对发扬国医国术的无悔初心,对发展针灸事业的无限诚心,对救治患者的仁慈爱心,先生兢兢业业、勇于创新,为针灸学科发展、人才培养、国际交流作出了卓越的贡献。六十载的积淀,是我院针灸学科快速成长的六十年,是针灸团队走向成熟的六十年,是针灸事业阔步发展的六十年,先生以高超的智慧和不辞辛劳的躬耕,推动现代中医针灸事业的发展到达了更高深的水平和更广阔的世界。

六十年来，石学敏院士从一名普通的针灸医生，成长为著名针灸学专家、国医大师。先生精研针灸医术，活人无数，于针灸临床、科研、教学实践均有建树，为弘扬传统中医针灸医术走向世界舞台贡献良多，被誉为"针灸外交家"。先生对中医针灸学术的创新发展是全方位的，特别是"醒脑开窍针刺法"的创立，源于中医针灸理论精髓但不泥于古法，开拓针灸治疗中风病的新篇章。针刺手法量学概念的提出，更是为传统针刺手法插上了现代科学的翅膀，推动了针灸技术的规范化、标准化发展。

石学敏院士担任我院院长期间，敢为人先，以敏锐的洞察力着眼于医院发展战略规划，在全国范围内率先实践"业余晚诊""家庭病床"诊疗模式，以"锐意改革，勇于创新，抓住机遇，乘势而上"为宗旨，紧扣突出中医特色、突出针灸优势这一关键环节，推动医院成为全国重点建设的七所中医附院之一。石学敏院士广纳贤才、凝心聚力，细化全院科室建设并推动针灸疗法在各学科的应用和发展，提出将发挥"五专"优势列为重点，结合现代医学科学技术，坚持走"科技兴院、院兴科技"之路，并提出"发展在门诊，成功在病房"等一系列学科发展独到见解，走出一条具有自身特色的医院发展之路，将天津中医一附院从一所普通的中医院建设成为中医特色鲜明、综合实力突出的现代型医院。

在石学敏院士带领下，我院成为目前唯一的国家中医针灸临床医学研究中心，将我院的发展和针灸学科的发展推动到崭新的高度。回望历史，我们必将铭记石学敏院士带领老一辈中医一附院人为医院发展作出的卓越贡献，继往开来，我们也要守正创新，让中医中药为人类健康贡献更大力量。

本书以国医大师石学敏院士从医执教六十年医路历程为主线，以中国近现代中医药发展史、天津中医药学术发展史为背景，结合石学敏院士针灸学术发展之路和针灸外交史料，通过对不同时期石学敏院士的重要经历进行整理和记录，力求讲好"世界针灸看中国，中国针灸看天津"的故事，为读者全方位展现石学敏院士的风采。

高山仰止，吾辈之幸，得先生教诲，见证此光辉时刻，为本书作序，备感殊荣。

天津中医药大学第一附属医院
党委书记　张艳军
院　　长　王金贵

2022 年 8 月

目录

第一章

心至苍穹外

目尽星河远

石学敏在俄罗斯学术交流时留影

2021 年初夏，晨曦明媚，微风徐徐，草木青绿，花香浮动。距离中国·天津第十五届国际针灸学术研讨会暨中国针灸学会手法量学专业委员会成立大会开幕还有一个多小时，一辆黑色汽车缓缓停在天津社会山国际会议中心酒店门前，一位身材挺拔、气度不凡的老者走下车，微微正了正淡金色的领带，神采奕奕地朝会场走去。

在清逸典雅的酒店大堂，众人正恭候他的到来，站在最前面的学生远远望见老师朝他们走来，赶忙迎上去，恭敬地向老师问好。

这位老者正是中国·天津国际针灸学术研讨会的大会主席——国医大师、中国工程院院士石学敏。

石学敏身后的学生快步向前，伸出胳膊要搀扶老师，石学敏摆了摆手，笑着说："今天是第十五届国针会，等到第二十五届国针会，那真是要你们扶我入场喽。"跟在后面的学生们都笑了。

"晓裔，前天收治的那位内蒙古病人，情况怎么样了，复查 CT 结果如何？"石学敏还在担心一位外埠患者的病情，学生戴晓裔正要回答，被一位迎面走来的男子打断了。

"石老您好！"约莫三十岁上下的男子朝石学敏走来，激动地打着招呼。"小麟啊，你自己来的？康复得很不错，越走越利索了。"石学敏开心地说道。这位被唤作小麟的男子，原是慕名来天津求医的云南患者，因颅内出血在当地就诊数年，遗留左侧肢体不遂伴左上肢拘挛，难以自理。一个偶然的机会，小麟从电视报道上得知石学敏创立的"醒脑开窍针刺法"治疗中风病效果显著，于是他满怀期待来到天津，寻求治疗。经石学敏团队医护人员精心诊治，不仅取得了良好的疗效，小麟还对针灸疗法产生了浓厚的兴趣，准备报考天津中医药大学成人教育学院，正式成为一名针灸学子。

石学敏与学生们边走边谈，不一会儿步入主会场。本届大会主会场陈列以蓝白为底色，会议大厅宽敞明亮，会场正中纯白色专家席位横向铺排，映衬着严谨庄重、兼收并蓄的学术氛围。会场正中悬挂着一面宽屏，循环播放短片，展示着天津中医药大学第一附属医院针灸学科近70年的发展历程。

以实战之姿铸斑斓征程，以匠心之砚撰岐黄新篇

1972年，石学敏圆满完成阿尔及利亚的医疗援助任务回到祖国，开始重新组建针灸科，至今已五十载。当时针灸科只有37名医护人员、5台电针仪、80张病床，经几代人赓续奋进，针灸科相继被评为全国针灸专科中心、教育部重点学科、国家中医针灸临床医学研究中心。如今的天津中医药大学第一附属医院针灸学科，已建设成为国内乃至世界范围内一艘巨型"针灸航空母舰"，其医疗服务、科研能力均居于领先水平，开放住院床位1000余张，医护团队400余名，成立了针灸研究所，建立了针灸项目博士后工作站，是全国规模最大的针灸临床、科研、教学基地。德国、法国、美国、加拿大、墨西哥、西班牙、巴西、俄罗斯、日本、韩国……石学敏带领团队不断扩大针灸对外交流的版图，足迹遍

2021 年 6 月石学敏在针刺手法量学分会场留影

及世界，先后派出 1000 多人次赴 60 多个国家及地区交流，培育留学生和高级进修生 13000 人次。2019 年，经科技部、国家卫生健康委、中央军委后勤保障部、国家药品监督管理局批准，天津中医药大学第一附属医院针灸学科成为全国唯一的国家中医针灸临床医学研究中心。

如今这辉煌成就，对当初仅靠一把草、几根针起家的小科室而言，是难以设想的。而今随着几代人持之以恒、不舍昼夜的探索奋斗，梦想如此生动地照进了现实。

中国·天津第十五届国际针灸学术研讨会于 2021 年 6 月召开。自 1989 年起，国际针灸学术研讨会已连续举办了 14 届，是全世界针灸学者的"华山论剑"。从渤海之滨的天津，到万里之遥的美国纽约、法国巴黎、德国法兰克福、巴西里约热内卢，健康愿景、国民需求、行业趋势、国际关切，再次交汇于此。

这是一次聚焦传承与发展的盛会，针灸领域的精英翘楚或亲临现场，或视频连线，共话针灸传承新路径，共谋行业发展新动能，共绘国际拓展新蓝图。

这也是一次意义不凡的盛会，新冠肺炎疫情阴霾尚未消散，学术争鸣的意义更为深远。回顾疫情初期，步履维艰，白衣执甲，尽锐出战，在疫情的考验中，中医药彰显了特色优势，其经验和启示值得深入剖析，凝聚共识，为中医针灸——这颗中华文明璀璨的明珠勾勒出更加美好的未来！

2021年石学敏在中国·天津第十五届国际针灸学术研讨会上签到留影

"石院士好！""院长好！""石老好！"

石学敏走入主会场，来宾们纷纷站起身来，向他致以问候，石学敏向众人挥手致意，随后在专家席中央落座。

大会正式开始，光影斑驳间，以流光绘数十年发展之绮丽，随着光柱逐渐聚焦，演讲台正中曲幕以水墨画卷方式徐徐展开，开启大会序章。伴随着英语、日语、法语同声传译，大会主持人宣布："中国·天津第十五届国际针灸学术研讨会暨中国针灸学会手法量学专业委员会成立大会正式开幕！下面有请大会主席，国医大师、中国工程院院士、国家级'非遗'项目针灸代表传承人、现代中国针灸奠基人、全国中医药杰出贡献奖获得者、天津中医药大学第一附属医院名誉院长、国家中医针灸临床医学研究中心主任，尊敬的石学敏院士为本届大会致辞！"

瞬时台下掌声雷动、经久不息，石学敏以稳健的步伐登上演讲台，微微躬身向同人们致意，以沉稳铿锵的声音开始了报告："各位专家教授、各位同人，大家上午好！首先我以大会主席的名义，代表组委会向来自全国各地及欧美、东南亚国家等国际针灸学同道、各领域专家学者的到来表示欢迎和感谢！"

2021 年 6 月石学敏在中国·天津第十五届国际针灸学术研讨会上做主旨发言

"针灸以卓越的临床实践、特色的理论，在人类卫生保健事业、生命科学研究领域独树一帜。国家对中医针灸学发展大力支持，针灸学守正创新恰逢其时，越来越多的研究体现了针灸医学的科学价值，更为全球同人的交流合作提供了更广阔的平台。今日我们汇聚一堂，将有来自脑病、心血管、儿科、血液病、肿瘤等多领域、多学科的科技专家学者分享经验，进一步拓宽视野，启迪思维，必将绽放智慧的光芒！我预祝大会圆满成功！"

"接下来，我将以'通关利窍针刺法'治疗脑干梗死吞咽障碍的临床研究为题做专题汇报。自 20 世纪 70 年代开始，根据我在西方医院工作过的经验，无论在神经内科还是神经外科，处理中风病都非常棘手，当时在国内也是这样，这已经是严重的公共卫生问题，于是我们选取了中风病作为突破口，我先举个例子……"

石学敏虽已是耄耋之年，但依旧神采奕奕、思路清晰，主旨演讲一气呵成，并不拘泥于讲稿，而是围绕卒中后吞咽障碍的研究最新进展及成果进行系统讲述。他侧过身，指着屏幕正中大脑供血系统的图示，结合临床实例展开论述，一针见血地指出临床应用及研究实践中的关键问题。石学敏在报告中旁征博引，在古籍经典与现代医学研究中不断穿梭，在临床实践与研究前沿中不断交融，展示着这位岐黄巨匠深厚的实践功底和卓越的学术韬略。

躬正本清源之务，创传承发展之功

石学敏深耕杏林六十载，怀精诚悬壶之初心，寓家国济世之情怀，以一根银针，救治患者无数。石学敏从疑难重症中选题，在临床实践中检验。他选取中风病这一世界疑难问题，遍览古籍，融通医理，矢志创

2021 年 6 月中国针灸学会手法量学专业委员会成立合影。前排正中为石学敏，左为中国针灸学会秘书长喻晓春，右为中国针灸学会手法量学专业委员会主委杜宇征

新，打破"治痿独取阳明"的传统观点，创立"醒脑开窍针刺法"，制定严谨的组穴处方，明确针刺手法操作标准，构建中医脑科学理论体系，为常见病、疑难病的中医针灸治疗开辟了规范化的新路径，为无数中风病患者带来康复曙光。

石学敏是中医科学化、现代化路径的开创者、践行者。以先进科学技术验证中医的科学性、有效性，是中医发展的必由之路。中医理论创新的最佳切入点，无疑是重大疑难疾病，这类疾病与国民生命健康息息相关，是国家重大公共卫生问题。只有通过大量的临床实践探索，运用现代科学方法，揭示中医理论内涵，才能不忘本来、吸收外来、面向未来，使中医针灸逐步迈向现代化、科学化、国际化。

学术报告结束，雷鸣般的掌声再度响起，石学敏向台下同人挥手致谢，走下主席台。石学敏的学生、国家中医针灸临床医学研究中心执行副主任杜宇征早已在演讲台下等候，师生二人相继走出主会场，向针刺手法量学分会场走去。

本届国际针灸学术研讨会，较往届多了一个值得期待的亮点——中国针灸学会手法量学专业委员会宣布成立。

受病有深浅，使药有轻重。度其深浅，分毫不可差；明其轻重，锱铢不可偏。针灸是实践医学，临床疗效是其衡量标准，而针刺手法就是疗效的关键，其中必然涉及治疗剂量的问题。针刺的量学概念，是历代医家未能厘清的问题，是掣肘针灸规范化、标准化发展的壁垒。

石学敏率先提出了"针刺手法量学"理论，对针刺作用力方向、针刺作用力大小、施术时间、两次针刺间隔时间等针刺手法量学的四大要素进行了科学界定，改变了历代针刺缺乏量化的状态，使针刺疗法更具有规范性、可操作性，可重复性、填补了针灸学的空白，为针刺手法规范化发展作出了卓越贡献。

2021 年 6 月石学敏（中）参加中国针灸学会手法量学专业委员会成立大会。左一为王舒、左二为喻晓春、右一为王金贵、右二为杜宇征

目光所聚，期盼所寄。中国针灸学会手法量学专业委员会的成立，是对针刺手法量学发展的肯定与总结，更是对未来的期盼与展望。针刺手法是针刺的点睛之笔，是针灸疗效的关键技术，通过学术的传承发展，将临床实践经验进一步理论升华，为提

2021 年 6 月石学敏在中国·天津第十五届国际针灸学术研讨会开幕式上的留影

高针灸服务能力、开拓科学化道路奠定基础。

"老师，浙江大学生物传感专业刘教授的报告正要开始。"杜宇征轻扶着石学敏的手臂，紧随老师步入针刺手法量学分会场，并在前排就座。

石学敏轻声嘱咐道："宇征，今天是手法量学专业委员会成立后的首次学术交流。针刺手法量学是我们学科提出的，中医标准化研究是中医提升服务水平的重要环节。学术的发展是一个庞大漫长的工程，需要几代人共同努力。你作为中国针灸学会手法量学专业委员会的主委，你有这个任务和责任，要带着大家多做一些工作。用先进的、科学的技术说明问题，是我们一直在走的路。也要让更多医生真正掌握针灸技术，取得更稳定的疗效，造福更多患者。"

师生二人聚精会神地聆听学术报告，时而在重点问题处用笔圈画记录，时而就研究切入点短暂交流。面对患者实际需求，以科技赋能中医针灸，传统与现代碰撞，多学科交叉创新，多技术跨界融合，有望真正打破学科藩篱，催生学科前沿，孕育新兴科技领域，开启理论新格局。

刘教授的报告结束，正是会间休憩，师生二人移步分会场旁的休息室，石学敏的秘书马泰提醒道："院长，主会场德国夏洛蒂医科大学学术报告差不多结束了，丹尼尔教授想约您谈谈最近在研究中遇到的瓶颈问题。"

德国柏林的研究团队已在线上会议室等候，调试设备的间隙，石学敏与学生们分享他数次在德国学术交流的经历，他回忆道："德国丹尼尔教授是我们的老朋友喽，2010 年我跟他认识，从那以后开展了合作研究工作。那位多发性硬化患者雷吉娜就是通过他找到我的。"此时时针已指向上午 11 点，视频会议结束后，还有一位记者为石学敏做专题采访。

对于一位耄耋老人，这样的工作负荷显得过于繁重，但对于石学敏，他早已习以为常……

夕阳西沉，落日余晖透过落地窗倾泻铺陈，为会场笼上淡金色薄纱，显得愈发宁静典雅。为期两天的会议在津圆满落幕，与会专家学者并没有马上散场，意犹未尽地分享着思维火花。

世界针灸看中国，中国针灸看天津

针灸已成为中华文明走向国际的名片，世界针灸学会联合会调查显示，中医针灸已在全世界 183 个国家和地区推广应用，在世界卫生健康事业中发挥日益重要的作用。

石学敏针刺手法

拓宽应用场景，连通广阔世界。自石学敏创立"醒脑开窍针刺法"以来，中风病诊疗就有了"天津方案"，天津成为针灸学一个鲜明的坐标，世界各地的专家学者、中风患者纷纷涌向天津，领略古老针灸疗法之精妙神奇。感知针灸、体验针灸，以针灸疗法解决健康问题，已成为国际趋势。

面对科学技术博弈、健康需求转变、医学模式更迭，针灸怎样行稳致远、独秀于世界之林，面向更广阔的未来，诸如此类的新命题，还萦绕在石学敏的心间。

立宏愿悬壶济世，践初心臻于至善，弹指间斗转星移，一个甲子的光影流变，针灸学从日渐式微到复兴图景，石学敏奉献岐黄已六十载。

昂扬少年志，傲立家国魂。少时黄病肆虐，让祥和平静的家乡疮痍满目，终成为他悬壶济世的因由。

青葱岁月，未向光阴惰寸功，精勤敏学，始成良医栋梁材；星河流转，存仁心，修仁术，博采众长，结缘银针，奋发启航再扬帆；北非荒漠，瞰浩渺之无极，无论贫贱贵富，救治异域患者无数，他是非洲人心中的"中国神医"；载誉而归，厚植家国情怀，投身杏林，发岐黄之精微，立时代之新意，拟醒脑开窍方，创施术度量法，解百万病众于中风瘫痪之苦；无畏道难，耸立高山之巅，以专科立身，以科技兴院，终展改革腾飞之新姿；银针璀璨，光耀世界，针灸外交，行稳致远，以凤凰翎羽之风姿，昂立世界医学之林。

悬壶六十载、岐黄一甲子，未曾更替初心，医者为济世、仁术护苍生。

"参天之木，必有其根；怀山之水，必有其源。"学生也曾问他：世事沧桑，千回百转，可曾有过难事？这位岐黄巨擘总是说："没有，我从医一路逢好时、遇好人、做好事，没有碰到过丝毫艰难。"

大道至简，存仁心，立仁愿，修仁术，秉持护佑健康之医者初心，便可永不懈怠，以精诚之医术，在杏林路上一往无前。

第二章

昂扬少年志

济世初愿成

石学敏青年时期留影

少年求学，初识杏林

生不为名相济世，亦当为名医济人。

这句古语流传至今。杏林之中确有医家，或因体弱多病，或因恶疾痛失亲朋，方立悬壶之志，潜心岐黄之术，造福一方百姓。历史上孙思邈、李东垣、叶天士等医家便是如此。据《旧唐书·孙思邈传》记载，唐代著名医家"药王"孙思邈"幼遭风冷，屡造医门，汤药之资，罄尽家产"，可见他幼年饱受疾病折磨，后才有博极医源，精诚钻研，终成杏林一代宗师。

《黄帝内经》有一章节为"异法方宜论"，讲不同治疗方法的提出与地理、人文的实际情况密不可分，中医药学在某个地域的发展也是如此。

"地当九河津要，路通七省舟车。"天津建城六百年风云际会，海河水源远流长。古黄河曾三次改道，最终夺淮入海。自隋朝修京杭大运河后，南北运河的交汇处（今金钢桥三岔河口）成为天津最早的发祥地。南宋在三岔河口设直沽寨，直至元朝改直沽寨为海津镇，成为漕粮运输中心，后明成祖朱棣发动"靖难之役"，经此渡大运河而南下，后直取应天府，明成祖朱棣认为此渡口为福地，赐名"天津"，意为"天子渡口"。

天津三岔河口

虽然天津建城仅 600 余年，但地处京畿要塞，水陆交通便利，商贾往来频繁，群贤名仕云集，繁荣的经济和开放的环境，为天津中医药事业的发展提供了便利。纵观天津历史，曾出现许多卓有成就的医家，如唐代著有《备急单方》的贾耽，宋代撰有《经用方书》的刘翰，元代擅长针灸并著有《标幽赋》的窦默等。

近现代，作为中国北方沿海最早开放的城市，天津文化开放包容，经典理论与现代文明不断碰撞，出现了张锡纯、丁子良等著名医家。1930 年，张锡纯还在天津创办国医函授学校，培养了一批中医人才，也逐步形成具有地域特点、包容开放的中医药学术思想。

1938 年 6 月 6 日，石学敏出生在天津市西郊石庄子村的一户人家，父亲是天津直沽高粱酒的总技师，工作严谨负责，经他指导的佳酿在业界驰名。石学敏兄弟 6 人，他排行第二，上有一长姐。石学敏自幼聪敏好学，于是父亲将他送入私塾学习。

　　石学敏天资聪慧，勤于思考，自信却又不失沉稳，先生教过的《百家姓》《千字文》等启蒙课程，他能很快地熟读记忆，掌握其中要领，深得私塾先生的赏识。

　　初夏的一日，院中合欢吐露着清雅的幽香，夕阳西沉，私塾先生已将一天的课程教授完毕，同学们收拾东西准备回家。私塾先生从石学敏身边走过，石学敏恭敬地向先生行了个礼，不解地问：“先生，我那天下学，路过风窝庙①，看到正中挂着一块匾额，上面写着‘杏林春满’。先生，风窝庙里面也没有杏树啊，为什么题了杏林春满？”私塾先生笑了笑：“你知道风窝庙里面供着谁吗？”石学敏摇了摇头说：“不知道，请先生明言。”

　　“风窝庙实际是药王庙，那里主要供奉着药王孙思邈，庙里的药王手指还能动呢。每年药王诞辰农历四月十九到二十八，都会举办庙会，天津周边的各大商号药店都要派人过来，好不热闹。这庙会也称得上是天津一大盛事！”

　　“风窝许愿去烧香，灵应无如此药王。节近端阳天渐热，小车结会舍梅汤。”这是冯文洵在《丙寅天津竹枝词》中对风窝庙庙会的描述。每逢风窝庙庙会，附近百姓纷纷前来祭拜。

　　接着，先生继续为石学敏讲述：“你问风窝庙里面没有杏树，为什么叫杏林？”

　　杏林是中医学界的代称，医家也每每以“杏林中人”自称。

---

① 风窝庙，即峰山药王庙现称“中华医圣苑”，始建于唐代永淳二年（公元683年），距今已1300余年。相传，孙思邈在唐贞观年间被封为“药王”后，便四处云游为百姓治病。一日他路经此地，为救治一名身患绝症的病人曾在此驻留多年。孙思邈死后，当地百姓捐资修“药王庙”以示纪念。

石学敏（后排左一）青年时期留影

据《神仙传》记载，三国时期闽籍道医董奉，为人治病不取钱物，重病之人愈后栽杏五株以赠，轻者一株，经年植杏百亩，蔚然成林，杏熟季节，他以杏易谷，赈济贫民。

后有孙思邈在陇西仁寿山结庐诊病，医誉日隆，求诊者踵至，遇贫苦之人，往往送医济药。一次，病人从自家院里挖了一棵小杏树，栽于孙思邈结庐庭前，春赏花香，夏以遮阴，秋回品果，以示对医者感恩，患者纷纷仿效。几年间，仁寿山东麓杏树郁郁葱葱，阳春三月，满山粉红似海。后来孙思邈居所周边遭水患，民多溺水或受饥而死，孙思邈效仿董奉以杏易谷赈贫救灾，使民众免于饥荒之苦，这就是"杏林春暖""誉满杏林"的典故。

石学敏想起了小时候对风窝庙的印象。

在他的家乡石庄子村，有一塘不知名的野湖，几丛芦苇散漫在湖边，湖水还算清澈，湖岸不远处几只野鸭在湖面上，一会儿头扎进水里，一会儿又伸出来，湖中也有不少小鱼小虾，这里成了孩子们天然的乐园。

时值夏日，天气炎热，暑气渐盛，湖边不免蚊虫滋生。石学敏和他的伙伴们相约来到湖里游泳解暑，玩得好不痛快，转眼夕阳西下各自回家。

吃过晚饭，暑气渐消，但依旧闷热难耐，石学敏的姐姐快速摇着蒲扇，才有些许的微风袭来，但石学敏却不由得打了一个寒战。"姐，我怎么有点儿冷呢？"石学敏对姐姐说。"冷？这可是伏天，你热糊涂了吧？"

不一会儿，他又打了一个寒战，手脚、背部觉得冰冷刺骨，皮肤也起了鸡皮疙瘩。石学敏的姐姐觉得弟弟不对劲，赶紧给他盖了床被子，他身上开始滚烫起来。母亲以为他伤风了，嘱咐他躺下休息，又端来一大碗热水让他喝下。两小时后，体温终于降下来，石学敏觉得十分疲倦，沉沉地睡着了。

第二天一觉醒来，身体轻快，他照常去了学堂。但到了第三天晚上，石学敏又出现了同样发热的症状。他的祖父看着他，脸色一下子阴沉了，对石学敏的父亲说："这孩子怕是打摆子（疟疾）！你去风窝庙摸摸药王手，再求一碗圣水，找一把青蒿给这孩子煎汤喝。"

青蒿，一年生草本菊科蒿属植物，味苦辛，性寒，入肝胆经，具有清虚热、除骨蒸、解暑热、截疟、退黄之功效。东晋葛洪在《肘后备急方》中记载："青蒿一握，以水二升渍，绞取汁。尽服之，可治寒热诸疟。"青蒿植株香气馥郁，生存适应性极强，在路旁、山坡都可寻得。

果然儿服青蒿汤后，石学敏的病大好了，给他留下深刻印象的，除了路边蒿子草截疟退热的功效，还有神秘的风窝庙。

听完私塾先生的讲述后，石学敏终于解开了心中的谜团。

瘟疫横行，初心始立

1947 年，石学敏转入教授数学、物理等科学知识的新式学校继续学习。一天放学，他刚迈进家门，妈妈叫住他，神情凝重地告诫道："最近不要去村东头那几家玩了，咱们村可能闹黄病了，你自己要当心些。"

当时经济凋敝，基础卫生系统薄弱，疾病丛生、疠疫流行，缺医少药，几乎每两年就有一次大规模瘟疫暴发。当传染病肆虐时，民众除了逃离躲避，大多束手无策。

石庄子村东头染病的几户人家，先后出现了恶心、厌油腻、疲乏无力的症状，继而出现巩膜、皮肤黏膜黄染的症状。这次黄病发病人员集中，病情进展迅速，造成了传染病的快速传播，村东头最先发病的几户人家都没有幸免，相继感染。疫情扩散到许多角落，原本热闹祥和的村子，被疫病的阴霾笼罩，满眼所见尽是愁云惨雾，寂静得可怕。农户们死的死、逃的逃，村子里只剩下老弱病残，有的农户家中大人染病，只得将褓褓中的稚子送出村落以确保平安无虞。

石学敏的祖父坐不住了，跟他的父母说："这孩子聪明好学，是个好苗子，咱们不能让他冒险，今天就送出村子，去他大姑家！"于是，当天下午家人为了他的安全，也为了不耽误学业，把石学敏送到位于天津城里的大姑家。没想到，这竟然成了石学敏与爷爷的诀别。

等到这场黄病彻底结束，石学敏才被家人接回家。这时石学敏才知道，祖父因年迈体弱，未能在这场瘟疫中幸免，染病身亡，石庄子村数十条鲜活的性命也因此断送。

那一年石学敏9岁，他跪在爷爷的坟前垂泣良久，悲痛异常。他感念祖父对自己的关爱与期望，深感为医救人、济生疗患的重要。成为一名医生深耕杏林，疗救他人疾病之苦，这样的想法在石学敏的心里生了根。

清代温病学家王孟英的祖父编写《重庆堂随笔》时，手稿未成而染疾离世，王孟英痛彻心扉，自此萌生为医之信念。

药王孙思邈在《大医精诚》有言，以"见彼苦恼，若己有之"，策发"大慈恻隐之心"，进而发愿立誓"普救含灵之苦"，这也是许多医者萌发悬壶济世、耕耘杏林之初心。

恩师点拨，结缘岐黄

时间来到1957年，这一年"一五"计划各项指标超额完成，新中

石学敏（第三排左三）青年时期留影

国一派欣欣向荣。暮春，清风和煦，天津市实验中学校园里西府海棠竞相开放，连绵成片，粉白的花海，泛着点点幽香，萌生的绯红花蕾缀于新绿间，学生们欢笑着穿梭其中，如晓天明霞，朝气锐意。

石学敏已经长成高大俊逸的少年，成为天津市实验中学的学生。他性格乐观开朗，言语风趣幽默，与老师同学们相处融洽。平日里他沉醉神往在知识的海洋里，但他从不崇尚"读死书"，主张知识要灵活掌握、灵活应用。他爱好体育活动，课余时间他的身影常出现在田径场、篮球场、游泳馆，他还是学校篮球队队长，多次代表学校参加比赛。

转眼到了中学毕业，志愿的填报或许是石学敏面临的第一个重大人生抉择。一天，他抱着书本坐在教学楼前的石阶上，怔怔出神。当时正是新中国全面建设时期，各行各业都需要人才，专业的选择让他踌躇不决，新中国经济发展是必然，金融财经是一个不错的方向，但他心里没有忘记儿时的盼望——成为一名医生。

"想什么呢，这么认真？"父亲来到石学敏身边问道。

从中学起，为了方便学习，他一直住校，今天是父亲每周来看望他的日子。

"父亲，马上要毕业了，我在想将来要做什么去呢。"

"坐着干想就能选出来了？你们班主任在北京工作过，见多识广，对各个行业的形势很了解，对你的情况也熟悉，咱去找老师请教请教。"

班主任是一位个子不高、皮肤黝黑的中年男子，石学敏成绩优秀又聪明好学，班主任平时很欣赏他，经常提点指导。石学敏和父亲找到班主任，说明了来意，老师合上面前的书本，指着对面的椅子，示意父子俩坐下。

"你有什么想法，先说说看。"班主任说。于是石学敏把自己的想法向老师和盘托出。班主任沉思了片刻说道："我的建议是学医，而且是选择中医院校，一是我们国家亟须培养中医人才，二是据我所知，今年天津中医学院第一届招生，中医、西医的课程都设置了，和传统中医师父带徒弟的传授方式有很大区别。另外你大胆沉稳又聪明好学，我个人认为，选择这个专业很适合你。"

正是得益于当年这位恩师的指点，石学敏报考了天津中医学院。天津中医学院首届招生很严苛，优中择优，想被录取相当困难。石学敏凭借优异成绩，如愿收到了录取通知书，从此走上了中医道路。石学敏始终难忘恩师的点拨，一直与这位班主任保持联络，逢年过节必到家中拜访看望。恩师离世时，石学敏作为承教多年的学生，为恩师扶灵，送别了恩师最后一程。

中医学院，首届学子

新中国成立初期，面对严峻的卫生形势，改进中医药工作、促进中西医团结合作，是发展人民医学的必要举措。1954 年 11 月 23 日，中共中央批转国务院文化教育委员会党组《关于改进中医工作的报告》中指出，1953 年全国 92 个大中城市和 165 个县登记、审查合格的中医只有 1.4 万多人，但各高等医学院校中均没有考虑设立中医药相关课程《关于改进中医工作的报告》进一步阐明了党的中医政策，提出了改进中医工作的具体措施。1955 年 12 月，中国中医研究院成立，积极培养中医人才、逐步壮大卫生队伍，将中医教育纳入正规学历教育体系，一批中医药高校相继建立，中医教育的发展也走上更加规范的道路。

正是在这样的历史背景下，经国务院批准建立天津中医学院，原天津市中医学校、天津市西医学习中医班、中医进修班、天津市中医医院并入天津中医学院，校址暂定为天津市和平区睦南道 20 号，于天津市河

天津名中医陆观虎（右）、赵寄凡（中）在研讨医案

北区王串场建设新校舍，首届招收了包括石学敏在内的120名高中毕业生，学制5年。

"所谓大学者，非谓有大楼之谓也，有大师之谓也。"

在天津中医学院执教的老师们可谓星光璀璨，他们中不乏中医翘楚、国医圣手，哈荔田教授为首任校长，邢锡波、陆观虎、张庆开、叶希贤、顾小痴等中医名家被任命为教授。他们治学严谨、理验俱丰，天津中医学院也就成为孕育名医学者的摇篮。

1957年，踌躇满志的石学敏踏入天津中医学院，开始了中医专业的学习。"德不近佛者，不可为医；才不近仙者，不可为医"，医生作为一份特殊的职业，是健康所系、性命相托，只有医德与医术并重，才能成为一名出色的医生。

为医者须通晓古今、博极医源，学不精则不明理，学不博则为医难。

1962 年 5 月石学敏（第三排左一）天津中医学院 57-1 班毕业留念

石学敏开始攻读中医典籍，虽然枯燥乏味，但在名师们结合临床经验的讲解演示下，变得丰富有趣。系统化、科学化的高等中医教育，有别于传统的"师带徒"教授方式，除了中医经典著作《黄帝内经》《难经》《伤寒杂病论》《神农本草经》等理论课程，现代医学中的生理学、病理学、诊断学、内科学等也是重点教授的内容。教授们耐心地为学生们讲解知识、答疑解惑，有时甚至利用休息时间为学生们扩充课程内容，帮助学生们加深对知识的理解。

数易寒暑，石学敏刻苦勤勉，学习成绩出类拔萃；政治素养过硬，担任了校团委书记；体育成绩也很出色，是学院篮球队队长，多次代表学院参加市级比赛。尽管当时大学生入党审查十分严苛，但机关党支部考虑到石学敏发展全面、成绩卓越，决定发展他为大学生党员，石学敏成为天津中医学院第一个在学期间加入中国共产党的大学生，并且作为全国优秀大学生的代表，在刚刚落成的人民大会堂参加了全国优秀大学生奖励大会。这些经历让年轻的石学敏开阔了眼界，也让他处事相较于同龄人更加从容自信。大学期间的潜心学习，让他对中医理论和现代医学知识有了初步了解和掌握，为临床实践打下了坚实的基础。

初涉临床，稳中求进

1962年，石学敏大学毕业，当时天津中医学院的领导想让他留校任行政工作，但石学敏志在临床，想成为一名临床医生。于是石学敏作为天津中医学院的优秀毕业生，就职于天津市中医医院（现天津中医药大学第一附属医院）。

1955年12月18日天津市中医医院成立，郭沫若为医院题写"天津市立中医医院"院名

初涉临床工作，需要吃苦耐劳的精神，也需要严谨细致的工作作风，更需要恒以爱人的高尚医德。石学敏被分配到中医内科，因身材高大，

28

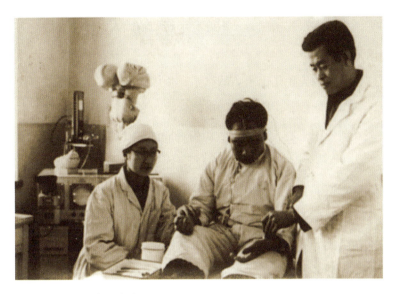

石学敏（右）为患者诊疗

同事们亲切地称他为"大石"。

他每天坚持早上六点半到岗，首先完成消毒、卫生等准备工作，在上级医师查房前，他已经完成对病区患者的询问走访，对患者当下病情变化早已了然于心，并整理好病历资料，再根据所学进行理性思辨，初步对治疗方案提出改进措施。遇到揣摩不透的地方，翻阅书籍查证，并及时向上级医师请教。此外他还善于归纳总结，综合上级医师指导意见和医学典籍记载，对诊治的每一个病例进行跟踪评价，将疾病不同阶段出现的不同症状及解决办法整理归纳，形成更优化的诊疗方案，这也为他日后提出系统完善的治疗方法打下了坚实的基础。就这样，石学敏成长得很快，身边的同事也很喜欢这个新分配来的"大石"。

"大石，你这个方子思路对了，但是这味药的剂量，应该再动一动。你看，现在这个病人的情况，在驱邪的同时，必须顾护胃气才好得快！

这样吧，你明天跟我出门诊，正好有个相似的病人，你看看他的方子就更明白了。"

说话的这位先生是出了名的严格，但用药准确、配伍精妙也让同行们赞不绝口，能跟着这样的老师出诊学习，令石学敏很高兴。这位先生对中医经典熟记于心，可以将明代杨继洲的《针灸大成》倒背如流。

有一天午休，石学敏随意翻看了《针灸大成》其中一段章节，这位先生就顺着把下文背诵下来，并将其中的要点剖析清楚。他也十分喜欢"大石"这个踏实沉稳又不失朝气的青年，愿意将所学所感倾囊相授，还时常在生活上关怀他。在这位先生的指导下，石学敏进步得更快了，老一代知识分子心无旁骛、谦逊严谨的学风也烙印在石学敏的心里，成为他一生治学育人的榜样。

针灸研修，博采众长

学术的进步和发展，离不开继承和创新。没有扎实的继承，发展成了无源之水、无根之木。只有在继承前人理论和经验的基础上，才能发现科学问题，继而进行理论创新。

1958 年，毛泽东在致杨尚昆的信中指出："中国医药学是一个伟大的宝库，应当奋力发掘，加以提高。"[1] 同年，卫生部发出《关于继承老中医学术经验的紧急通知》，各地组织大批中医工作者对古典医籍和老中医经验开展整理、总结和研究工作，整理民间秘方、验方。于是由卫生部牵头组织了全国针灸研修班，将北京和外省市的针灸名家都请

---

[1] 中共中央文献研究室、中国人民解放军军事科学院编：《建国以来毛泽东军事文稿》（上、中、下），军事科学出版社、中央文献出版社，2010 年，第 370 页。

1965 年石学敏（前排左二）在北京就读全国针灸研修
班期间留影

到中国中医研究院，传授经典理论，继承针灸绝技。这些针灸名家中有
两位曾是清朝的御医，其中包括在针灸理论方面有高深造诣的杨甲三、
被人誉为"西北针王"的郑魁山等针灸名家，他们是针灸绝技的拥有者、
针灸流派的集大成者。多年后，当石学敏回忆这段经历的时候，仍声情
并茂地用了"激动不已"四个字形容当时的心情。

　　国家下大力将这些学验俱丰的针灸医家的精华传承下来，要求专家们
传授学术理论、指导施针实践。在全国针灸研修班中，石学敏大开眼界，
认为针灸理论不能丢，针灸手法的精髓也同样重要，从那时起，石学敏开

始真正深耕针灸领域。

研修班中的一位张老先生曾是世袭的御医，他精通岐黄之术，针刺手法精妙，针到病除，但性格顽固保守，演示的时候总是将袖子盖在施术的手上，学生看不到他进针的手法，难以确定方向和角度。

课余，张老先生和石学敏聊天："小石啊，听说你是天津的？"

石学敏连忙答道："是啊，家在天津西郊。"

张老先生说："我听说天津的小站稻是特产，当年还做过贡品，蒸出来的饭米香浓郁，邻居家都能闻得到。"石学敏继续和老先生聊着天，心里有了打算。

那天他立即订了一张周末回天津的火车票，到家后，他对母亲说："母亲，您帮我弄一袋纯正的小站稻米，我要带到北京去。"石学敏的母亲很是迟疑，问道："你不是有食堂吗，怎么还大老远地背稻米？""具体就不跟您说了，您帮我找一袋纯正的小站稻米就是了。"于是石学敏肩扛着沉甸甸的小站稻，一路从天津回到北京。

下了车，他扛着大米找到了张老先生，老先生看着眼前这名实诚的高个子青年气喘吁吁的样子，满脸满身尽是汗水，会心地笑了。事后石学敏得知，这是张先生对自己的试炼，其实张先生早就看中了他的认真好学、踏实诚恳，以此小事作为传授技艺的试炼，从此以后张老先生将毕生针灸绝技倾囊相授。

东晋著名医家葛洪在《勤求》中有言："在明师之恩，诚为过于天地，重于父母多矣。"尊师重道是中华传统文化的重要内涵，一袋米诚然无足轻重，但学生从100多公里的外埠，一路肩扛而来的尊重与诚意，令人动容。

两年的学习很快结束了，同学们博采众家之长，在诸多名医国手的悉心调教下，针灸技法突飞猛进。全国针灸研修班也成为孕育新中国中医名家的摇篮，为石学敏日后学术思想的形成奠定了坚实的基础。

扶危救困，医者本色

结束了全国针灸研修班的学习后，石学敏回到天津中医学院附属医院工作。在他准备大显身手的时候，1966 年 3 月 8 日，河北邢台专区隆尧县以东发生 6.8 级强烈地震，这是新中国成立后首次发生在我国人口稠密地区、具有严重破坏性的特大地震，伤亡惨重。周恩来总理当即到震中隆尧县视察，令当地驻军赶赴灾区组织抢救。全国各地大力支援地震灾区的医疗工作，天津派出了抗震救灾医疗队，石学敏接到了任务并被任命为抗震救灾医疗技术总指挥。

在执行任务前，石学敏对本次地震的惨烈程度已有心理准备，但当到达邢台隆尧县，地震中心的严峻形势还是让他十分震惊。当时正值 3 月，麦地还结着冰，目光可及之处，房屋坍塌、桥面断裂，滏阳河堤上裂开了数百米长的地缝，幸存的老人和孩子蒙着被子呆坐在院中，顾不得哭，都怔怔地睁着眼，眼神中满是仓皇失措，有些人的伤口没来得及处理，还在淌着鲜血，余震频繁，大地像被安了弹簧，总在不停地抖动。

石学敏顾不得悲怆，同当时的骨科专家姚府一起带领医疗队迅速投入救治工作。解放军负责搜救伤员，然后转运至临时医疗点，由石学敏等医生现场组织救治。地震后最常见的医疗问题是外伤所致截瘫、骨折、周围神经损伤等。石学敏所学的针灸技术初显威力，由于当时止痛药、麻醉剂严重缺乏，导致许多手术无法及时开展。此时石学敏利用针灸疗法的独特优势，进行针刺止痛，使伤员得到及时的治疗。地震中的一些伤者骤然失去了亲人，情绪受到重创，经常惊恐哭叫，有些伤者还出现

发狂甚至轻生行为，石学敏组织医生对他们针刺干预以调神定志，避免了许多悲剧的发生。

抗震救援医疗队不分昼夜、废寝忘食地开展救治工作，他们与时间赛跑，以超高的工作强度持续救援。利用仅有的休息时间，石学敏还组织当地的医生、护士学习针灸，指导他们迅速参与救治工作，以缓解医务人员短缺问题，救治了大批伤者。

艰难方显勇毅，磨砺始于玉成。中国人民在磨难面前迸发了惊人的力量，负重前行。河北邢台抗震救援任务历时将近一年，当时石学敏28岁，他凭借过硬的医疗技术与卓越的领导能力，让大量地震伤员得到了妥善救治，减轻了痛苦。可以说，针灸在此次抗震救援中发挥了重要作用。

医者仁心，济世为民。

在1976年的唐山大地震中，石学敏再次担任天津抗震救灾医疗技术总指挥，主持救援工作。在疮痍满目的故乡天津，再次以银针扶危救困，使众多地震伤者重燃生活的希望。

第三章

浩瀚行无极
扬帆但信风

石学敏在阿尔及利亚地中海沿岸思念祖国

阿尔及尔，北京大街

在非洲北部，阿特拉斯山脉南部，有一座白色古城，依坡而筑，错落绵延，宛若泛着皓月星辉的明珠，镶嵌在纯净湛蓝的地中海南岸，它就是阿尔及利亚的首都阿尔及尔。

位于阿尔及尔的阿尔及利亚国防部大楼与中国驻阿大使馆之间有一条街道，白色路牌上印有阿拉伯文"北京大街"字样。1963年周恩来总理访问阿尔及利亚期间曾主持这条街的更名仪式，亲手揭开覆在这块路牌上的五星红旗，从此这条街正式更名为"北京大街"。如今，这条街见证了中国同阿尔及利亚携手走过近60年的风雨历程。

1962年，阿尔及利亚赢得民族解放战争的胜利，正式宣告独立。但由于法国长期殖民统治，欧裔主导了阿尔及利亚医疗行业，法国人迅速撤离后，阿尔及利亚陷入医疗卫生体系全面瘫痪的困境。阿尔及利亚政府只得向国际社会，特别是中国，发出了紧急医疗援助的请求。

当时中国刚刚走出三年困难时期的阴霾，但中国共产党第一代中央领导集体出于国际主义、人道主义的考虑，认为有义务、有责任支持阿

石学敏在阿尔及利亚医疗援助期间留影

尔及利亚重建家园。

于是在周恩来总理主持下，中国政府迅速回应阿尔及利亚的医疗援助请求，从各省抽调医疗业界骨干，帮助阿尔及利亚重组医疗体系以解燃眉之急。从命令下达到集结医疗队伍出发仅用了3天时间，第一支援外医疗队以湖北医疗行业骨干为主，还包括来自北京、上海、天津、湖南、江苏、辽宁、长春等地的共计24名优秀医务人员。援外医疗队于1963年4月6日正式启程前往阿尔及利亚，由此开启了中国援外医疗的序幕。第一支中国援助阿尔及利亚医疗队克服了地域环境差异、文化背景差异等诸多困难，迅速开展医疗援助工作，积极为阿尔及利亚重建医疗系统，获得了当地人士的广泛赞扬，于是阿尔及利亚政府再次请求中国派出医疗队。

国家使命，扬帆起航

1967年，作为河北邢台抗震救灾医疗技术总指挥的石学敏，刚刚结束抗震救灾任务，就在准备返回天津的前几日，突然接到命令，要求他立即前往北京香山饭店接受集中培训——石学敏入选第二支中国援助阿尔及利亚医疗队，准备赴阿执行医疗援助任务。

新中国成立伊始，外交遇到重重困境，要突破欧美国家制造的壁垒，重新获得世界认可，就要从科技、体育方面寻找切入点，医疗技术正是让世界认识中国、了解中国的途径之一。针灸作为中华文明的瑰宝，具有简便廉验的独特优势，更容易"根生中国、花开世界"，作为传播中华文化的抓手，在国际上为中华民族树立了良好形象。

其实卫生部开办全国针灸研修班的另一个初衷就是为援外医疗培养储备优秀针灸人才，以便更好地体现我国医疗卫生在国际上的价值。在参加全国针灸研修班学习时，石学敏就有充分的思想准备，他一直勤奋学习、完善技术，期待着这一时刻的真正到来。

石学敏接到命令后，立即前往北京接受培训。其间，周恩来总理还曾亲自授课，为他们讲解外事礼仪及规范。在80余天的紧张援阿培训中，石学敏一心想着如何更好地为国效力，圆满完成援助医疗任务，甚至在启程前都未曾回津看望家中父母妻儿，仅是每周抽空致电家中问候。石学敏把所有的时间和精力都放在援阿的准备工作上，通过在北京的培训，他基本掌握了日常交流用语和阿尔及利亚的人文概况。

阿尔及利亚民主人民共和国，简称"阿尔及利亚"，是非洲连接阿拉伯世界的重要纽带，国土面积约为238万平方千米，居非洲各国之首。它北临地中海，东临利比亚、突尼斯，南与尼日尔、马里和毛里塔尼亚接

石学敏（后排左三）在北京参加阿尔及利亚医疗援助培训学习期间留影

壤，西与摩洛哥、西撒哈拉交界。

阿尔及利亚不仅有广袤无垠的撒哈拉沙漠、蔚蓝绮丽的地中海，还有古罗马文化遗址。阿尔及利亚当地大多数是阿拉伯人，其次是柏柏尔人，少数民族有姆扎布族和图阿雷格族，虽然官方语言是阿拉伯语，但因长期受法国殖民统治，法语也是当地的通用语。

中国对阿尔及利亚的医疗援助是不遗余力的，是不附加任何条件的真诚援助，中国独自承担了援助阿尔及利亚医疗队的薪资补贴、培训、交通、药品等一切开支。国家按照援助阿尔及利亚两年任务计划，为医疗队员统一准备了日用品，并依照外交程序办理了证件、防疫等相关手续。

一切准备工作就绪，石学敏所在的第二支中国援助阿尔及利亚医疗队即将起程。为满足当时阿尔及利亚实际医疗需求，本支医疗队由妇产科、麻醉科、普外科、骨科、眼科、烧伤科、针灸科等专科医生组成。医疗队队员个个业务能力顶尖、政治过硬，石学敏在这支新组建的援阿医疗队中担任副队长，对阿尔及利亚的医疗救助即将展开。

初登北非，异域施术

1968 年，石学敏所在的第二支中国援助阿尔及利亚医疗队登上前往北非的航班，多地辗转，历经 3 天时间，终于踏上北非大陆，到达了阿尔及利亚的首都阿尔及尔。

阿尔及利亚和阿尔及尔在阿拉伯语中的意思均为"岛屿"，原意指阿尔及尔沿岸的 4 座岛屿。千年沧海桑田，这 4 座岛屿逐渐与大陆相连，形成了现在看到的地中海环绕下的白色古城。

刚刚抵达目的地的石学敏，忘记了旅途中的艰辛与疲惫，被眼前的新奇景象深深吸引——地中海湛蓝碧净的海水环抱着神秘的阿尔及尔古城，在金色的日光下愈加皎洁夺目；不远处质朴雕琢的低矮石楼背坡而建，狭长的街道，熙熙攘攘的人群，热闹非常。与他预想的不同，虽然阿尔及利亚地处非洲大陆，但当地居民并非有色人种，他们皮肤白皙，身材高挑，能歌善舞，热情好客。

沿山远望，古罗马城镇的断壁残垣被远山薄雾缭绕，勾勒了古罗马帝国曾经的兴衰。在这里，地中海的自然风光和独特的古城风貌交

石学敏于阿尔及利亚医疗援助期间在马斯卡拉任医疗援助点技术负责人

织，历史的神秘深邃与法式的缱绻诗意共融，使这座地中海白色古城美得精妙绝伦。

阿尔及利亚首都阿尔及尔在东一区时区，与中国时差为 7 个小时。医疗队员们顾不上领略当地风土人情，在首都阿尔及尔稍作停留，第二天被分配到阿尔及利亚的各个医疗点，迅速投入当地医疗系统重建工作。

石学敏被分配到距离阿尔及尔市区 30 多千米的马斯卡拉，并担任马斯卡拉医疗援助点的技术负责人。

石学敏在马斯卡拉安顿下来，准备在当地开展医疗援助。被安排在马斯卡拉医疗援助站的还有内科、外科、妇科、产科、儿科、麻醉科、放射科、检验科等其他专科的中国援阿医务人员，他们共同帮助马斯卡拉人民恢复公共卫生医疗系统的日常运转。

马斯卡拉医疗援助站主楼为 5 层楼高的白色法式建筑，这里曾是综

合实力强劲的法国军事医院，配备了 X 光机等当时较为先进的现代医疗仪器设备。医疗援助站主楼前后栽种了大量绿色植被，楼后的夜来香不时吐露着芬芳。那时正是阿尔及利亚全国医疗系统最为薄弱的时期，大量的医疗问题亟待解决和处理。在抵达马斯卡拉的第二天，援阿医疗队就进入了工作状态。

马斯卡拉是位于阿尔及利亚西部的一座城市，约有 5 万人。当地为地中海气候，潮湿多雨，加之医疗资源匮乏，时常有传染病传播流行，风湿性关节炎、类风湿性关节炎、支气管哮喘等疾病的发病率也居高不下。

要顺利开展援阿医疗任务，首先要攻克的就是语言关。阿尔及利亚是法语区，虽然在北京 80 余天的援阿集训中，为应对日常交流工作已经系统学习了法语，但面对复杂多变的临床诊疗问题，这些还远远不够。于是石学敏利用业余时间翻阅法文书籍，并向驻地法语翻译请教切磋，及时积累日常用语及医疗工作中常用的词汇，仅数月就基本攻克了语言难关。

石学敏（右一）在阿尔及利亚医疗援助期间与医疗队同事合影

地中海的冬日潮湿阴冷，夏季干燥炎热，阿尔及利亚的饮食习惯与国内也相差甚远，当地口味偏于辛辣，他们的主食是一种叫"古斯古斯"的食物，由清水、橄榄油、牛羊肉、蔬菜、面粉等制成；当地人还习惯将巴掌大的牛肉炙烤食用，表面虽然成熟，但切开后仍泛着血水，初到阿尔及利亚的医疗队员们难以适应，狠狠吃了些苦头。他们远离家乡，时常会惦念万里之外的父母妻儿，但当时的通信不甚发达，每月只能以一封电报遥寄数语，略表思念。

即便如此，石学敏还是一一克服了初到北非的艰难与不适，为满足当地民众的医疗需要经常加班加点，每天工作 12 个小时，最多时甚至单日接诊300名患者。凭借精湛的医疗技术，艰苦奋斗的工作作风，高尚的国际主义、人道主义精神，石学敏迅速赢得了当地人的信任和赞许。

石学敏应用针灸专业技术成功治愈了当地许多风湿性关节炎、类风湿性关节炎、支气管哮喘患者，阿尔及利亚人开始认识针灸，好奇这小小银针带来的神奇疗效。石学敏逐渐在当地小有名气，针灸疗法也逐步在非洲大陆崭露光芒，阿尔及利亚人称中国针灸为"利白拉"（阿拉伯语"打针"的意思）。

很快马斯卡拉的人知道有位中国来的"神针医生"，每日向石学敏寻求诊治的患者络绎不绝，在他应诊的前一天晚上，经常有患者自发地用小汽车在医院门口排队，汽车在医院周围一圈一圈地次第排列，好像一个小型汽车展览会。原本援阿医疗队每日工作时长是六七个小时，但石学敏每天都要工作 12 个小时以上，才能结束一天的诊疗。当地许多官员、社会名流也慕名前来，石学敏不仅技术精湛，而且性格爽朗幽默，许多人都与石学敏成为至交。

石学敏任援助点负责人，相当于当地医院的院长。为迅速建立马斯卡拉医疗秩序，使医院得以正常运转，满足日常诊疗需要，他首先以先进的技术力量充实各个科室，而后他还帮助组建了包括针灸科在内的新学科、新科室，并带领援助医疗队队员们帮助当地进行了针灸、护理等专业技术培训，提高了当地医疗服务水平，使医疗服务体系更加完善。石学敏和当地医院的秘书、医院物资主管，共同健全了医院各项管理规章制度和操作流程，使医院医疗工作逐步趋于正规和完善，实现了正常医疗运营。

中国神医，一举成名

1969 年的春天，一辆军车在马斯卡拉通往阿尔及尔的公路上飞驰而过。石学敏和他曾经的患者阿尔及利亚国防部参谋就坐在车上，阿尔及利亚国防部参谋对石学敏说："情况您也大致知道了，我们国防部部长萨布先生，打猎时从马上摔下来瘫痪在床已经有一个多月了，请了不少欧洲有名的医生，病情都没有什么起色，这一趟您有把握吗？"

石学敏望着窗外飞驰而过的荒漠，答道："看看病人再说，我们中国人有句话——办法总比困难多。"

此次石学敏接受了一项特殊的任务，为时任阿尔及利亚国防部部长萨布先生诊病。一个多月前，萨布先生外出打猎时不慎从马背上跌落，瘫痪在床，阿尔及利亚政府在欧洲各地遍访名医为他治疗，但病情一直没有丝毫好转。

石学敏抵达萨布先生的官邸时已至傍晚，偌大的院子里，空旷清冷，只有角落里的花朵随微风摇曳。石学敏匆忙下车，顾不上片刻休息，随国防部参谋穿过庭院，走入官邸，他们径直来到二楼萨布先生的卧室。曾经驰骋沙场的国防部部长此刻正瘫痪在床上，面色苍白，眉头紧锁，嘴角时不时因疼痛抽动，下肢动弹不得，病床四周站着十几位金发碧眼的欧洲医生，哭丧着脸，全都束手无策，气氛紧张凝重。

石学敏依据外交礼仪进行了自我介绍，随即翻阅了病历资料，对萨布先生的伤情进行了检查。

萨布先生皱着眉，看着眼前这位高个子中国青年，将信将疑地问："年轻人，用这小小的银针就能治我的病吗？"

石学敏从随身携带的包里取出针盒及针灸针等，准备施术。

"对，我现在为您做针灸治疗，在战场您指挥军队作战，现在您得听我的命令，我认为您的病不算困难，一会儿您就能下床。"

在场的人纷纷窃窃私语，萨布先生摔伤后已经瘫痪一个多月了，这么多欧洲名医都没有好办法缓解病情，眼前的中国青年竟敢夸下如此海口。

萨布先生疑惑地看着石学敏："我听说你医术很高，但我已经一个多月没下床了，你真有把握吗？"

石学敏（右一）在阿尔及利亚医疗援助期间与当地工作人员合影

石学敏自信地答道："没问题！我们可以来试一试。"

接着他开始了有条不紊地操作，取出银针，首先针刺内关和人中穴，在萨布先生丝毫没有察觉的情况下，如疾风闪电般刺入穴位，纤毫银针在他拇指和食指的精确配合下，蹁跹起舞、张弛有度，随着提插捻转，针柄如蝉翼般微微颤动，看似轻柔，实则力至病所、立起沉疴。内关、人中穴针毕，他又在患者的腘窝处，选取委中穴。小小银针在他的指尖仿佛能读懂他的语言，听从他的排兵布阵，一丝不苟地执行着他的指令。很快治疗结束了，石学敏的鬓间也渗出了豆大的汗珠。

"请您抬起腿！"石学敏用流利的法语，对萨布先生说。

萨布先生怔住了答道："你说什么？"

"萨布先生，请您抬起腿，动一动！"石学敏语气坚定，重复道。

萨布先生看着这位中国医生，其目光炯炯有神，充满不容置疑的坚定。

"刚才我说过，现在我指挥您，请您抬腿！"石学敏见萨布先生迟迟未动，接着说。

萨布先生小心翼翼地移动双腿，内心一惊，他并未感觉疼痛，双腿似乎可以执行他的命令，略微动了动。

"请您抬腿，抬起来！抬高！"石学敏接着指令道。

萨布先生大着胆子，将精神集中在双腿上，努力尝试抬起双腿……

在场的人惊呆了，萨布先生瘫痪月余的双腿，竟然抬离床面，足足有半米。

萨布先生顿时欣喜若狂！

房间内的欧洲医生们也大为震惊，让他们颇为棘手的疾病，在石学敏这里，用小小银针竟然片刻就解决了。

石学敏接着说："请您接着抬腿，再抬高一些。"

萨布先生现在对这名中国小伙子的话深信不疑，他又用了用力，果然腿又抬高了。

"非常好，萨布先生，现在请您再次听从我的指令。"石学敏转过身又对着萨布先生身边的军官说，"请您两位过去扶一下您的长官。"

"现在，萨布先生，您可以试着下地走走。"石学敏说。

"我？下地走走？这不可能。"

"我没有跟您开玩笑，刚才您的腿不是能动吗？来，下床走走，试一试。"

萨布先生鼓起勇气，在工作人员的搀扶下站了起来还走了几步，喜出望外。石学敏笑道："我没有骗您吧，您可以痊愈。"

萨布先生高兴极了，对石学敏说："中国针灸真是太神奇了，你明天还得来帮我治疗，我什么时候可以痊愈？"

"再针刺治疗6天，您就可以活动如常了！"石学敏爽朗地答道。

坠马摔伤的一个多月，无疑对军事强人萨布先生的政治生涯产生了极大的影响，如今重见康复曙光，于萨布先生而言，是解了燃眉之急。

其实在看完萨布先生的病历资料后，石学敏心中就有了答案：萨布先生是由于外伤引起的腰椎间盘突出症急性发作，疼痛难忍，按常理推断病情不甚复杂，但萨布先生求医迫切心理负担重，因此双腿才动弹不得。

第二天，萨布先生早早派人到医疗队驻地迎接石学敏前往官邸继续为他治疗。车子缓缓地停在国防部官邸门前，石学敏远远看见，萨布先生就站在宽阔的院落中央，他身后军乐队的军官们手持悬挂着阿尔及利亚国旗的各式乐器，有圆号、小号、短号、长笛、单簧管、双簧管、萨克斯管等。萨布先生周围有许多记者正拿着大大小小的相机跃跃欲试。

随着萨布先生大手一挥，军乐队奏响了高亢嘹亮的乐曲。毫无疑问，这位年轻的中国医生受到了阿尔及利亚极高规格的礼遇。

萨布先生朝石学敏走来，记者迅速按下手中的快门，石学敏三步并作两步，赶忙迎上前去，说道："萨布先生，这实在是不敢当啊！"

萨布先生笑着说："您医术高超，昨天我还瘫痪在床，动弹不得，今天能站在院子里跟您说话，我很高兴。"随即萨布先生和石学敏一路并肩走上楼，这也是萨布先生作为阿尔及利亚国防部部长向外界传递的信息——他已经痊愈了。

此事在阿尔及利亚国内乃至整个非洲引起了广泛反响，阿尔及利亚第一官方媒体《圣战者报》在头版头条以《你，病了吗？》为题目报道了石学敏以中国针灸治愈萨布先生疾病的新闻。文中这样写道："你病了吗？你瘫痪了吗？你动不了了吗？去找中国神医吧！他能让你康复，简直是神赐予我们的医生！他用的不是巫术，更不是魔法，而是中国针灸，这一具有2000多年历史的中华医学瑰宝。"

自此，石学敏在阿尔及利亚一炮打响，他又多了一个非洲名字——"中国神医"，他接受的"任务"更多了，越来越多的非洲及欧洲政要专程找他诊治。他的足迹遍布整个阿尔及利亚，从君士坦丁到奥兰，再到安纳巴，他到过贫瘠的火山山脉，也到过世界上最广阔的荒漠——撒哈拉。

有位作家曾在书中这样描绘撒哈拉沙漠："无际的黄沙上有寂寞的大风呜咽着吹过，天是高的，地是沉厚雄壮而安静的。"世界最大的沙质荒漠撒哈拉，并非想象中的荒凉单调，广阔绵延的沙海、形态各异的岩画、成群的单峰骆驼，形成浑厚壮美的沙漠风景。但当地气候条件严酷，极度干燥缺水的环境，使得人烟稀少，医疗资源匮乏。

石学敏（右一）在撒哈拉沙漠留影

　　一次，石学敏随军车至此，为当地一位政府官员诊治，而后在途中发现大量牧民身患疾病，却苦于医药短缺无法治疗。石学敏完成既定任务后，在撒哈拉沙漠牧区的一个山洞里为当地居民义诊，闻讯前来诊治的居民越来越多，陆陆续续大概有百余人，他干脆找来一个石凳坐在那里，为当地患者详细治疗。虽然碍于物资条件不足，仅能为牧民提供有限的医疗服务，但石学敏凭借着一根根银针，为许多牧民解除了疾病痛苦。

　　当地牧民不会忘记这位来自中国的白衣天使，身处撒哈拉沙漠的非洲朋友们由此认识了中国。有这样一位中国医生，以银针在非洲大陆播撒友谊的种子，帮助了非洲，感动了非洲。

医者本色，心怀家国

　　石学敏凭借精湛的针灸技术在阿尔及利亚崭露头角，不乏当地及欧洲的政要名流向他抛出橄榄枝，以重金聘请他留下。但他从未忘记祖国

石学敏（中）与阿尔及利亚当地司机合影留念

的培养，严格遵守组织纪律，时刻铭记着临行前组织的嘱托，对这类邀请从来都是谢绝。他总是说："我是中国针灸医生，来阿尔及利亚执行医疗援助是国家任务，是作为中国人应该做的事，任务结束后，我要回到我的祖国，那里是我的根。"

当时医疗援助点的清洁工发现总有衣着光鲜的达官显贵开豪华汽车找石学敏诊治，于是很好奇石学敏在中国的生活。她想，这样一位有学识、有见地的青年才俊，在国内一定是开顶级豪车，住豪华别墅，于是与石学敏攀谈起来。"石医生，你在中国开什么牌子的汽车？"

石学敏哈哈一笑，说道："开'公共牌'汽车。"

"'公共牌'汽车？那是什么牌子，我怎么没听过，比'奔驰牌'高级是不是？"清洁工说道。

"'公共牌'汽车你都不知道，真是孤陋寡闻喽！我天天乘它上下班，我们'公共牌'汽车能坐好几十人，买一辆要好几百万第纳尔①。你说好不好？"石学敏戏谑道。

"啊！石医生，我知道了，你说的是公共汽车！"两人都哈哈笑起来。

为了执行医疗援助任务，石学敏和同事们经常在阿尔及利亚各地间奔波。有一次，由于司机连日工作导致疲劳驾驶，车子不慎撞到路边，

---

① 阿尔及利亚货币。

当时车流如织且地形复杂，十分危险，幸运的是石学敏和同事们没有大碍。

非洲兄弟，情深永固

1971 年，石学敏在阿尔及利亚医疗援助已两年有余，工作完成得相当出色。因工作需要，他频繁出入阿尔及利亚当地的政府官邸，石学敏医疗技术精湛，性格也十分爽朗，与当地许多政府官员都是好朋友。阿尔及利亚外交部部长布特弗利卡，就是石学敏众多好朋友中的一位。多年后石学敏回忆起这位老朋友：布特弗利卡是个小个子，年龄与石学敏相仿，都在 30 岁上下，虽然布特弗利卡十分年轻，但作为外交官处事老练果断。石学敏经常造访他家，为他和他的家人诊病保健。

布特弗利卡有个 5 岁的小女儿，经常带在身边，小姑娘长着深棕色的大眼睛，加上瀑布式的卷发，显得格外玲珑可爱。由于石学敏总是到布特弗利卡家中诊治，她与石学敏也很熟悉，她也很喜欢这位来自中国的高个子医生，他们经常用法语聊天。

这一天，她眨巴眨巴圆圆的大眼睛，若有所思地对石学敏说："石医生，你知道吗？你做了世界上最好的职业。医生是最值得大家尊重的！"

高大的石学敏蹲下来，饶有兴致地跟她攀谈："是吗？你喜欢这个工作？那你将来要做什么呢？"

小女孩抱起双臂，十分骄傲地说："我长大以后要做助产士，比你还要厉害！"

石学敏不解地问："为什么助产士比我厉害？"

小女孩十分"不屑"地回答道："这你都不知道，做助产士可以迎接很多小朋友来到这个世界上，是最有意义的，将来说不定我还能因为

石学敏（后排左二）与阿尔及利亚好友合影

做了助产士而上天堂呢！"

石学敏笑笑，接着小女孩的话说："哦，那天堂有什么好的呢？"

"天堂当然好，那里漂亮，还有巧克力做的房子！"

"你爸爸的工作也相当伟大啊！为国家作出许多贡献，你为什么不做外交官呢？很气派的！"石学敏说。

小女孩突然放低声音，对石学敏说："你别告诉我爸爸，要不然他会生气的。我觉得我爸爸的工作是最没有意思的，他每天都和同一个黑皮肤的叔叔打交道，真是无趣极了，我可不要像他！"

正说着，布特弗利卡走进来，抱起小女儿，不禁笑道："你都没认清是谁，那哪里是同一个黑色皮肤的叔叔呀！"

1971 年在第二十六届联合国大会上，阿尔及利亚和阿尔巴尼亚等 23 国联合提出了著名的"两阿提案"——即恢复中华人民共和国在联合国一切合法权利并立即把台湾国民党集团"代表"驱逐出去。最终以压倒性多数通过 2758 号决议，恢复中华人民共和国在联合国的一切合法权利，并立即把台湾国民党当局的"代表"从联合国的一切机构中驱逐出去。

布特弗利卡的小女儿所说的"同一个黑色皮肤的叔叔"，确实不是同一个人。在第二十六届联合国大会召开前夕，阿尔及利亚为了帮助中国恢复在联合国的合法席位，委命外交部部长布特弗利卡在非洲多国联络提案，在阿尔及利亚首都机场频繁接送非洲多国外交部部长，而在年幼的女孩看来，他们的皮肤都是黝黑的，就成了"同一个黑色皮肤的叔叔"。

在提出恢复中国在联合国合法席位的这 23 个国家中，有 11 个国家有中国派驻的医疗队，正是中国共产党第一代中央领导集体的高瞻远瞩，为新中国的外交掀开了崭新一页。

1994 年，阿尔及利亚外交部亚洲司司长拿出 1971 年恢复中华人民共和国在联合国合法席位投票时的照片，激动地说："当时我们阿尔及利亚就是其中最坚决支持中国恢复合法席位的一个国家。从 1963 年到 1971 年，我们看到中国援助阿尔及利亚医疗队作了大量贡献，使阿尔及利亚的百姓和政府认识了中国，了解了友善勤奋的中国人民，我们没有理由不赞成恢复中华人民共和国在联合国的合法席位。"习近平总书记曾用 16 个字精辟概括了中国援外医疗队的精神："不畏艰苦""甘于奉献""救死扶伤""大爱无疆"！

中国援助阿尔及利亚医疗队不遗余力、鞠躬尽瘁的付出，使中国人民与阿尔及利亚人民结下了深厚的情谊。中国医疗队救治了大量阿尔及利亚患者，使他们恢复健康，重燃生命的希望。在条件和资源有限的情况下，创造了一个又一个奇迹，在阿尔及利亚各界引发了强烈反响。值得一提的是，针灸疗法在中国援助阿尔及利亚医疗工作中彰显了突出优势，解决了许多令现代医学都难以解决的问题，促进了中医文化的国际推广和传播。针灸在阿尔及利亚被誉为"中国神针"，石学敏也曾有"针灸大使"的美誉。

石学敏在阿尔及利亚的三年多时间，诊治的病人达 10 万余人次，

他还致力于组织学术交流，将精妙的中国针灸技术留在了非洲大陆，成了"带不走"的针灸医疗队。

　　阿尔及利亚是石学敏"针灸外交"的起点，1972 年他结束援助任务回到祖国。也正是青年时代的特殊经历，使他在针灸道路上矢志不渝，并将针灸这一中华文明的璀璨瑰宝，传承创新，发扬光大，在世界医学之林焕发独特光彩。

第四章

妙悟岐黄术

本神守自然

石学敏青年时期留影

不改初心，扎根临床

时光知味，岁月沉香。

历史长河奔流，沧海桑田。唯有求新求变，是永恒不变的真理。"苟日新，日日新，又日新"，新故相推，则日盛不殆。

创新是发展的源动力，是针灸学科的核心竞争力，是应对挑战的不二法门。学科发展之路，应以技术和学术创新为引领，面向国民健康需求，解决重大疑难问题，瞄准科技发展前沿，才能找准学科发展的"命门"，抢占先机、着眼全局、面向未来。

雄才韬略，恰如棋局博弈，一子落而满盘皆活。

石学敏具备这样的才干，带领针灸学科一往无前。

石学敏在阿尔及利亚医疗援助工作中表现出色，他的任务期由原定的两年增加到三年。1972 年，石学敏终于结束

石学敏青年时期留影

了在阿尔及利亚的医疗援助工作，登上回国的航班，经由上海入境再转机至北京。由于在阿尔及利亚医疗援助中的突出贡献，上海市领导在机场迎接石学敏，并举行了小型欢迎仪式。

"小石同志，舟车劳顿，辛苦啦！祝贺你圆满完成援助任务，回到祖国！今晚转飞北京，现在还有一段时间，带你在上海市转转。好久没回国了，我们准备了一些饭菜，有什么想吃的吗？"

"感谢领导接待，也没什么太想吃的，我是天津人，如果方便，我想吃碗面汤，另外我还想给家里打通电话报个平安。"

"哈哈，没问题，小石同志，走出国门三年，口味未改啊！"于是负责接待的同志特别请厨师为石学敏准备了一碗天津特色风味的对虾面汤。石学敏感到双脚踏在祖国的土地上，有种说不出的踏实和满足。

当晚石学敏从上海飞抵北京，中央卫生部军管会副主任到机场迎接石学敏。领导握着他的手说："小石同志，任务完成得很出色，你为我们国家争了光。"为了向领导汇报一些情况，石学敏在北京逗留了几日。

回到天津，经过了一段时间的休整，天津市中医医院领导迟迟没有找他谈恢复工作的事情。石学敏在家待不住了，他正想着找到院领导商谈此事，却接到了天津市委办公室打来的电话，通知他明天到市委开会。

第二天，他走进天津市委大楼的会议室，迎面而坐的是来自天津市委、北京军区政治部、天津市革委会的三位领导，还有一位《天津日报》记者从旁记录。

天津市委领导首先开口："小石同志，你在阿尔及利亚的工作相当出色啊！今天叫你来，是想谈谈你以后的工作，你有什么想法吗？"

"没有什么想法，我是个针灸大夫，还是回到医院给病人治病。"在国外医疗援助的经历，练就了石学敏面对大场面时的从容不迫，言谈有序，不失章法。

"有没有什么别的想法。"北京军区政治部的领导问道。

"给病人治病我擅长，其他的特长嘛，当篮球运动员我年岁大了一些，也不符合条件了。"石学敏还开了一个小玩笑。

天津市委领导接着对石学敏说："组织上考虑，想让你来机关工作。"

听到不能回到医疗岗位，石学敏心里有些着急，也顾不得面对着三个部门的领导，非常直接地说："这个我不同意，我希望组织上能慎重考虑，让我做机关干部我不擅长，我还回中医医院^①，我愿意当个针灸大夫。"

接着，几位领导与石学敏谈了很多他在阿尔及利亚医疗援助的事情。原来几位领导早就知道他在阿尔及利亚工作时很有领导才干，对外交尺度的把握也极有分寸，这位年轻人政治觉悟过硬，做事有章法，思想有深度，是个做机关干部的极佳人选。在石学敏归国前，中国驻阿尔及利亚大使就曾经挽留他长期任职使馆，甚至承诺将石学敏的夫人一并接到阿尔及利亚，但都被他婉拒了。他心里一直挂念着：自己是大夫，要回到祖国，回到一线从事临床工作。

不知不觉谈话已经进行了 4 个小时，石学敏还是坚持回天津市中医医院工作。天津市委领导对他说："这样，你到卫生局主抓中医工作，这总可以了吧！"石学敏的回答很干脆："谢谢领导的信任，我愿意在临床一线救治病人，这最能体现我的价值。"

---

①1970—1978 年，天津中医学院附属医院更名为天津市中医医院，即天津中医药大学第一附属医院前身。

待到石学敏从天津市委办公楼出来，已是傍晚，他深吸了一口气，在他的坚持下，领导终于批准他回到热爱的天津市中医医院，石学敏顿时觉得如释重负。

"良医处世，不矜名，不计利，此其立德也；挽回造化，立起沉疴，此其立功也；阐发蕴奥，聿著方书，此其立言也，一艺而三善咸备。"清代医家叶天士在《临证指南医案·华序》中写下的这段"良医三善"，是医者毕生所求，也道破了医者不计名利、立起沉疴的源源不断的内生动力。

多年后，石学敏仍没有后悔当初的选择，以针灸技术救死扶伤、扶危济困、奉献患者是他难以动摇的医者初心，也是他毕生所愿所求。

科室重建，蓄力腾飞

2020 年 3 月 15 日，这一天石学敏正在门诊为一名 25 岁的高血压患者诊治。他的学生接过患者的病历本，开始认真地记录病情变化及用药调整，在眉栏处清晰地写下当天的日期。

"今天是多少号？"石学敏问。

石学敏青年时期留影

"老师，今天是 3 月 15 日。"学生还在奋笔疾书。

"你知道 3 月 15 日是什么日子吗？"石学敏接着问。

"3 月 15 日？"学生一愣。

就在此时，石学敏的

学生、针灸临床部主任杜宇征正好走进来，准备向石学敏汇报针灸学科建设及工作进展，正好听到这段对话，对石学敏说："老师，3 月 15 日是针灸科重建的日子。"

时间回到 20 世纪 70 年代，1973 年 3 月 15 日。

当时的天津市中医医院，正常的工作秩序被打乱，各项工作徘徊不前，针灸科发展也处于低谷，萎靡不振。"文化大革命"开始后，专科科室的界限被打破，原来的针灸科被取消，由针灸科、儿科、推拿科医护人员共同组建新医科。医院固定的三级医师制度消失了，科室具有临床经验的专家不能发挥指导临床工作的优势，而是与青年医师一样，从事烦琐的基层工作，造成了极大的人才浪费；针灸医生的处方权也被取消，不能独立接诊，只能治疗由其他科室转诊而来的患者；凡是医护都可以施术针灸，其中大多数人员没有经过系统学习，针刺水平参差不齐，造成医疗活动秩序混乱不堪。

上述情况，让刚刚从阿尔及利亚归国的石学敏颇为震惊，甚至有同事建议他，放弃针灸改为从事中医内科工作。石学敏想不通，非洲都能认可的针灸，怎么在国内反倒发展不好呢？由于援助阿尔及利亚的特殊贡献，回到工作岗位的石学敏被任命为天津市中医医院党委常委，他第一次参加党委会时就提出了这样的想法："我在国外待了几年，说话办事都很直接，说得不对，请领导们批评。我觉得我们现在的医院管理模式还不如资本主义国家。"耿直的石学敏，语惊四座。

"马克思在《资本论》中提到创造的价值应该与待遇成正比。我们资深专家教授拿着高工资，但工作和刚毕业的临床医生一样，没有体现专家的价值。我回来工作一周了，看到护士也扎针灸，大夫也扎针灸，这叫医院吗？我们那些高水平的专家、教授从事琐碎的一线工作，接诊了病人，戴着高度近视眼镜吭哧吭哧地写病历，半天写出一句话，没有效率也不能体现价值。这些专家的特长在以经验指导临床工作。刚毕业的临床大夫各自为政，收了病人自己治，医疗安全没人把控。我们这里大夫之间缺乏职称等级观念，这不是一个合理的运转体系，这样下去谁的利益受损呢？当然是病人！"

党委会上，众人沉默不语，当时讲这些话是冒着一定风险的，但石学敏没有避重就轻，他接着说："我建议根据诊疗内容、专科特色，重新规划科室建设，组建针灸科。另外明确医师等级，凭职称上岗，主任医师要发挥应有的作用，管理医疗活动，监督指导下级医师，落实三级医师制度，保证医疗安全，既对患者生命健康负责，我们也能培育青年医师队伍。"

当时医院党委会都是晚上召开，这次会议结束时，时针已经指向了深夜 11 时，石学敏回到办公室，准备收拾东西回家。

"石大夫，您在吗？"伴着清脆的敲门声，话音响起。

石学敏打开门，没想到天津市中医医院党委副书记正站在门外。石学敏看着这位干练的女同志，不解地问："我刚才说的话，确实是很直接，您这是要批评我吗？"

副书记赶紧说："您误会了石大夫，我一散会就来找您，想再跟您谈谈。我和您一样也是学医的，觉得现在这种情况必须要想点办法，这样是对人民生命健康的不负责。"

石学敏笑道："那我跟您有共同语言喽！"

副书记接着说："石大夫，我来到咱们医院后，看到制度管理都乱了套，也想提出一些建议，但是没有成熟。我来就是想跟您表个态，作为医院党委副书记，我全力支持您的提议。明天我建议院党委开会讨论您的提议，就按您的办法做，把医院的乱象好好治理治理。"

"感谢您的信任，以我在阿尔及利亚医疗工作的经验，针灸确实是大有可为的。"石学敏随即将在阿尔及利亚的所见所闻、所思所想，对针灸事业现状及前景的看法，以及针灸学科的现状和问题有条不紊地阐述一番。面对石学敏思辨清晰、理据充分的提案，副书记连连点头，表示一定要妥善解决问题。

1984年针灸科团队与天津市卫生职工医学院81届针灸班合影，第二排：石学敏（左五）、武连仲（左三）、宋冠生（左四）、王崇秀（右四）、鲍家柱（右三）、周继曾（右二）、闫莉（右一）

几天后，院长找到石学敏，医院党委决定支持他的想法重新组建针灸科，并任命石学敏为针灸科主任。院长询问石学敏，需要什么支持，石学敏脱口而出："我就需要两样，一是人才团队，二是床位。"

院长苦恼道："石大夫，你也知道，现在针灸骨干很欠缺，人才梯

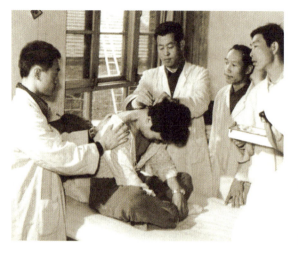

石学敏任天津中医学院第一附属医院针灸科主任时为患者针刺治疗

队很难组建。床位嘛，我们可以拨 80 张床位给针灸科。"

20 世纪 70 年代的天津市中医医院分设门诊部、住院部等两处院址，多伦道 93 号设立门诊部，原多伦道 205 号天津市干部疗养院改为住院部，全院床位 250 张，院领导将其中的 80 张床位划拨给针灸科。

床位有了，团队也是大问题。石学敏找了老同学谈了自己的设想，并邀请他们加入重建的针灸科，其中就包括后来接任石学敏成为针灸科主任的周继曾。

察势者智，驭势者赢。如今针灸学科发展蒸蒸日上，印证了石学敏当初的真知灼见。

在重建之初，针灸科只有 37 名医护人员，80 张住院床位、6 个门诊诊室，设备只有 5 台电针。医护人员们克服了设备简陋、人才短缺等重重困难，针灸科于 1973 年 3 月 15 日，再次扬帆起航。

建科初期，百业待举，石学敏担任针灸科主任，他对同事们说："我们先当学生，再当先生；苦干 10 年，我们学全国，10 年以后，全国学我们。"

由此，他擘画了针灸科的第一幅蓝图——"十五年计划"，即"培养一支队伍、建设一个基地、创造一批成果"，培养一支过硬的人才队伍，建设一个针灸临床基地，用当代高新科技手段研究发展中医针灸事业。

石学敏作为针灸科主任，严肃工作纪律、加强业务学习，他时刻以身作则，带领年轻医生不断进步。他要求医生早到岗，提前做工作准备，细致观察患者病情变化，全面提高医疗质量。

秋日的一个清晨，秋风微凉，星光刚刚隐去，这个城市正渐渐醒来。由于上一个班次的护士家里有事，李护士早早来单位交接工作。她步履匆匆，在病房的长廊里看到一个熟悉的高大身影大步朝自己走来，短款白大褂、黑色肥腿裤，一手拎着水桶，一手拿着抹布。这不是别人，正是她们的石主任。

迎面走来的石学敏头上布满汗珠，一滴滴地从鬓边滑落，身上的大褂被汗水浸透了。

"石主任，您又这么早！"李护士看了看护理部的时钟，此刻还不到早上六点半。

"李老师，您来得也很早啊。我做做卫生，办公环境整洁，这样工作得体面，思路也更清楚。"

无论寒暑，清晨六点半石学敏就已抵达医院。建科初期，护理人员、卫生员人手都很紧张，早来的同事总能看到石主任帮助护理部检查消毒针具，还拿着拖把、抹布做卫生，有时甚至连卫生间都打扫一遍。他总是说，办公室的洁净反映精神面貌，这是知识分子的体面。准备工作结束后，石学敏开始查阅患者病历，安排当日的工作。

这一日查房结束，石学敏带着年轻医生回到办公室。年轻医生站定，并没有回到各自的办公桌前，现在是他们例行梳理临床问题的时间。石学敏拿出早上看过的 16 床的病历，放在办公桌上。

石学敏（左三）任天津中医学院第一附属医院针灸科主任时组织针灸科医生学习研讨

"16床是谁的病人？"石学敏问。

"石主任，是我的病人。"一名年轻医生回答道。

"你先说说这个病人的情况。"接着这位年轻医生向石主任汇报了16床患者患病情况及在针灸科治疗的经过。

"这个病人从发病到现在多少天了，饮水咳呛的问题没有改善，原因你分析过没有？治疗方案的变化为什么在病历里没有体现？你现在讲一下吞咽困难的分类，还有该怎么处理。"

面对主任的提问，这位年轻医生的头上渗出了豆大的汗珠，他一边想着，一边磕磕绊绊回答着主任提出的问题，最后总算回答全面。

"对嘛，你这不是回答得很好嘛，病历书写在临床工作中很重要，这体现一个医院的水平，一个医生的水平。记录病人病情的变化转归，治疗过程都要体现清楚，这是当医生的基本。你们都要记得，我们针灸医师不是把针扎到穴位就完事大吉了，要清楚我们为什么采取这种治疗方案，疗效为什么好，也要分析为什么治不好，用我们的技术让病人从瘫痪到能自理，重新回归社会工作，这就是我们作为医生的骄傲。我们要善于总结分析，决不能做只知道扎针的'扎针匠'。"

为了使年轻医生快速成长，他组织大家进行科内业务学习，每天由他本人教授临床专业知识，指导年轻医生进行针刺手法练习，工作之余大家互相切磋，研究不同疾病针刺处方的拟定，不同穴位进针的手法、深度，针下得气的感觉。

此外石学敏还重视中医经典理论学习，要求每位医生熟读中医四部经典，每日誊抄 2000 字经典著作原文，再结合临床，医生们渐渐地加深了对中医典籍的理解。针灸科的学术氛围逐渐浓郁，医生们击鼓催征、奋楫扬帆，在你追我赶的环境中快速成长，临床技术、理论水平均得到了大幅度提高。

建功立业，在每一个岗位奋斗中光辉闪亮，在每一个日夜坚持中可感可及，在每一刻不舍寸功中开花结果，每一位逐梦前行的平凡人铸就了光耀时代。

那年寒冬腊月，一场大雪，科里一位年轻医生不慎滑倒摔伤，由于足踝伤势严重，治疗多次不见起色，无奈只能请假在家休息。石学敏了解了情况，请来天津医院的骨科专家为她诊病，进行了三次手法复位，终于病情有了好转，但仍须继续调养。又过了一些日子，石学敏托同事带了一张纸条给她，上面是石学敏写的一句话："伤筋动骨多少天？"算算日子，她请了 3 个月的病休假，此时已经逾期了几日，是她休假的第 104 天。正是石学敏对同事的关爱和严格要求，才锻炼了一支具有凝聚力、向心力，敢打敢拼的学科队伍。

在石学敏的带领下，针灸科集合力、聚群智，大家保持一条心、拧成一股绳，扎根针灸学科建设。针灸专业的青年医生不断充实进来，形成了一支稳定可靠的人才梯队，针灸科逐渐成为医院的中流砥柱。石学敏的团队建设理念，调动了大家的积极性，也为后来的异军突起打下了坚实的基础。一大批复合型人才、领军人才在石学敏的带领下，犹如远飞前行的"雁阵"，为针灸学科的守正创新提供源源不断的动力。

历史证明，舍弃针灸、放弃针灸的想法是缺乏智慧的，石学敏当时选择重建针灸科、深耕针灸领域的想法是具有前瞻性、战略性的，针灸学科必当大有可为，将来必定大有作为。

中西合璧，"新式"中医

学科的发展，知识和人才的重要性是毋庸置疑的。知识是学科发展的基石，人才是竞争之本，只有做好人才梯队建设，才能形成学科发展的新格局。

石学敏任天津中医学院第一附属医院针灸科主任时为针灸科医生讲授神经系统定位诊断

石学敏在阿尔及利亚医疗援助时也曾走访欧洲一些先进的医院，他还曾出任阿尔及利亚中国援助点的负责人。他清醒地意识到，一支学科团队如果想保持持久的生命力，单靠针灸技术是远远不够的，必须与当代医学科学知识深度融合，培养和储备复合型人才，了解医学前沿的诊断及治疗方法，具备救治危重病人的能力，把握学科发展方向。

一方面，石学敏邀请天津医科大学神经内科教授、解剖教研室教授、生理教研室教授、病理教研室教授，利用业余时间对针灸科医生进行现代医学知识培训，对神经系统常见病、多发病深入学习探索，掌握神经影像学检查技术、神经系统定位诊断及脑科学发展前沿，以此奠定了针灸学科的"中学为体、西学为用"的中西医结合、多学科知识框架，初步组建了以针灸学为主的复合型学科队伍，并具备了一定的危重病人救治能力。

另一方面，石学敏主张引进高科技仪器，带动技术发展。1973 年针灸科重建时，科内的仪器设备只有 5 台电针，但当年就随即成立了电生理室，先后引进了 14 导脑电图仪、4 导生理记录仪（上海）、桥式脑

针灸科电生理室

电流图、肌电图仪（上海）、心电心音图仪、日本 17 导脑电图仪、日本 RM－6000 多导生理记录仪、双导直接式血流图仪、微循环检测仪、日本 ECG－4203 三道心电图机等仪器设备，还派出业务骨干到北京阜外医院、中国人民解放军总医院（301 医院）进修学习，这在当时的中医院中是绝无仅有的。

中医有很多未解之"谜"，很多宝藏蕴含在这些"谜团"中，要想挖掘更深层次的真谛，就要引进先进设备和技术，阐释中医的科学价值，才能更好地发展中医学。石学敏超前的思维意识、大刀阔斧的做法，引来了不少反对声音，当时正是"文化大革命"末期，他被扣上了"走白专道路"的帽子，一些人认为石学敏只知道埋头钻研业务不重视政治学习，还说他是不伦不类的"洋中医"。

一次，石学敏到天津中医学院为本科生授课，一位老教授叫住了他。"那个高个子，我认识你，你就是石学敏吧？"石学敏个子高，加上卓尔不群的气质，让他在人群中很容易辨识。

"对，我是石学敏。"石学敏恭敬地答道。

"你就是那个'洋中医'？我跟你说，你那套洋办法行不通，这就

是离经叛道，西医头疼医头、脚疼医脚，就会抽血化验。气血有多重要，你是个中医你不明白吗？还抽血化验，这成何体统？中医西医不可能融合！我将来生了病也绝不看西医！"

说话的这位老先生是中医学院有名的"老学究"，当时中医学界也有相当一部分人提出"保护中医"，认为"中医没有治不好的病"，坚决反对中医搞科研，坚决抵制西医、反对中西医结合。当时45分钟的课堂上，这位老先生曾发表长达20分钟的抵制西医言论。石学敏得知这件事后，直接找到中医学院的领导表达了看法，他表示："我热爱中医，同时也反对中医西化。但知识是多元化的，学问的发展是唯物的，应该以科学的态度思考中医的长处和短处。崇古泥古、故步自封是要不得的，发展中医传承经典是必要的，但创新同样不能舍弃，更何况'中学为体、西学为用'中西医结合的办法，也是国家倡导的方向。"

正是有了石学敏与学院领导的这次谈话，才有了上面老先生拦住石学敏的一幕。学术的发展当与时俱进，老先生们也逐渐接纳了现代医学的融入。多年后，这位老先生年事已高，身体状态不佳，因为石学敏实事求是、扎实认真的工作作风，老先生对他十分信任，专门托人找到石学敏为自己诊治，此事也成为一桩美谈。

清末民初，西学东渐，中西医汇通的雏形初有显现，张锡纯在《医学衷中参西录》中提出"衷中参西"的理念。但由于汇通中西的理论和时代认知的局限性，难以解决根本问题，最终汇而未通。

韩济生院士带领团队研究针刺麻醉机理，用科学的方式进一步阐明了针刺镇痛的原理和内在机制，发现了内源性类吗啡肽类物质的规律；屠呦呦研究员受到《肘后备急方》的启发，发现了青蒿素能有效降低疟疾患者的死亡率，并在2015年获得诺贝尔生理学或医学奖。可见中西医互鉴合作，是发展祖国医学的必经之路。

毛泽东在 1950 年第一届全国卫生会议上提出新中国卫生工作的三个原则：面向工农兵、预防为主、团结中西医。这是第一次由国家确定的"中西医结合"的卫生建设原则。

2016 年 8 月，在全国卫生与健康大会上，习近平总书记强调："坚持中西医并重，推动中医药和西医药相互补充、协调发展，努力实现中医药健康养生文化的创造性转化、创新性发展。"① 这一论断为中西医协同发展、共同建设健康中国、保障人民健康指明了方向。2017 年《中华人民共和国中医药法》的实施，明确指出国家大力发展中医药事业，实行中西医并重的方针，正式把"中西医并重"方针固化为法律，上升为国家意志。

几十年风雨沧桑，"中西医并重"方针的提出，彰显了党和国家坚定不移地发展中医药事业，保障人民健康的决心和信心。让中医药——中华文化的瑰宝，拂去岁月尘埃，绽放新的光芒与活力。

醒脑开窍，治疗新法

中医药是我国人文科学与自然科学融合的典范，也是我国最具原创空间的科技优势领域之一。针灸学是中医学体系中具有特色和优势的学科，在中华传统文化的影响下，形成了以临床实践为依托的防治疾病理念和学术特质。

现代中医理论创新的最佳切入点无疑是重大疑难疾病，在援助阿尔

---

① 参见《习近平：把人民健康放在优先发展战略地位》，http://www.xinhuanet.com/politics/2016-08/20/c_1119425802.htm。

及利亚的几年中，一个世界医学界的重大难题——脑卒中吸引了石学敏的目光。在当时发达的资本主义国家，无论是神经外科，还是神经内科，针对脑卒中都缺乏有效的治疗方法。患有脑卒中，即使患者存活，也会遗留后遗症——半身不遂甚至四肢不遂，或其他神经功能缺损症状，需要投入极大的精力照料，患者也将承受病痛折磨，造成极大的经济负担和社会负担。

唐代医者孙思邈在《千金要方》中写道："人命至重，有贵千金，一方济之，德逾于此。"为医者常发恻隐之心，先患者之忧而忧，以患者之苦为苦。

20世纪70年代初，站在重建针灸科的历史新起点，针灸科比过去任何时候都更需要创新。石学敏带领团队向脑卒中发起挑战，这是一个

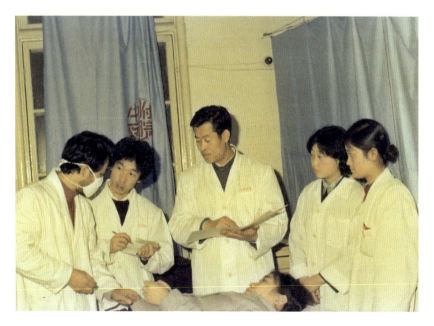

石学敏（中）任天津中医学院第一附属医院针灸科主任查房时留影

漫长而艰辛的过程，为了理想，石学敏夜以继日、废寝忘食。也曾有同事劝石学敏：这条路很艰难，很可能研究几十年，结果还是个零。

中风，现代医学称为脑卒中，为急性脑血管病，是危害我国国民健康的重大疑难疾病。因其具有高发病率、高复发率、高致残率、高死亡率的特点，现已成为危害我国国民健康的"第一杀手"。

据《中国脑卒中防治报告（2019）》显示，卒中是我国成年人致死、致残的首位病因，其发病率正以每年 8.7% 的速度快速增长，并且在超过 55 岁的人群中每 10 年递增 1 倍。2016 年全球疾病负担调查① 数据显示，中国是全球卒中终生风险最高的国家，是造成我国寿命年损失的第一位病因。从 25 岁起，脑卒中的终生风险高达 39.3%。脑卒中一旦发生，不但会导致肢体活动障碍、感觉障碍、吞咽困难、认知障碍等症状，甚至危及生命，给患者及其家庭带来沉重打击，也加重了我国的卫生系统经济负担和社会负担。

在一次晨会上，石学敏很坚定地对团队说："我们国家中风的发病率逐年升高，很多病人患中风后留下后遗症，不能自理，难以重回日常工作和生活。我原来的专业是中医内科，后来被委派到北京参加全国针灸研修班的学习，加上在国外的从业经历，我认为中风病很值得我们进行攻坚。虽说这种病是一个世界性的难题，但中医在中风治疗方面积淀很深，针灸治疗中风病具有显著优势，咱们每解决一个病例，让患者恢复运动功能，能吞咽、能流利说话，这不是成果吗？一个瘫痪的病人，

---

① Hay SI, Abajobir AA, Abate KH, et al. Global, regional, and national disability-adjusted life-years (DALYs) for 333 diseases and injuries and healthy life expectancy (HALE) for 195 countries and territories, 1990–2016: a systematic analysis for the Global Burden of Disease Study 2016. The Lancet, 2017; 390, 1260-1344.

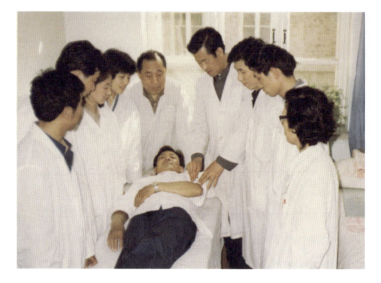

石学敏（右四）任天津中医学院第一附属医院针灸科主任时临床示教

咱们能让他重新行走，还能够劳动，这不是成果吗？我认为这是最大的成果。"

于是石学敏带领针灸团队选取中风病为研究方向。他博览古籍、顿悟其理、深展其术，并汲取精华融入临床实践，潜心研究中风病的病机规律，结合临证经验和现代医学理论，寻求针刺治疗的最优方案。

早在两千年前，中医学对中风病就有记载，因其发病急骤、变化多端、病变迅速，与风邪善行数变的特征相似，故被称为中风。《黄帝内经》称中风为"大厥""薄厥"。对于中风病的病因病机，历代医家认识不尽相同，但对于"神"这一重要病机，一直未能引起足够认识，忽略了"神"的调治。

石学敏厘清中医理论源流，创新理论内涵，提出了中风病的根本病机在于"肝风挟痰浊、瘀血上蒙脑窍，致窍闭神匿，神不导气"，打破了"治痿独取阳明"的传统理论，以"醒脑开窍、滋补肝肾、疏通经络"为治疗原则，以阴经穴为主、阳经穴为辅，创立"醒脑开窍针刺法"，制定了严谨的组穴处方、明确的针刺手法量学标准，治疗中风病取得了显著疗效，并逐步形成了以针灸为特色，融急救、康复、心理、教育为一体的中风病治疗体系。

"醒脑开窍针刺法"，以"脑府"立论，创"调神"之法。"神"是中医学理论核心之一。中医传统理论认为，心主神志，但已有许多医家认识到"脑府"与"神"密切相关，如李时珍认为"脑为元神之府"。关于"神"的认识，石学敏领悟深刻、条理清晰，他认为中医脏腑是系统功能的归纳，除心经、心包经腧穴外，调神腧穴大多在脑府周围，故"脑"为"神"始。广义之神应包含现代医学中枢神经系统的功能，即人体的思维意识、精神状态、认知能力、运动感觉，这些功能均受"神"支配，为"神"所主。因此"醒脑开窍"创"调神"之法，不仅针对中风有确切疗效，还可广泛应用于郁证、痛证、抽搐、癫闭、神经官能症、围绝经期综合征等多种病症的治疗。

复杂事物自身包含着多种矛盾，每种矛盾所处的地位、对事物发展所起的作用是不同的，有主次之分。厘清当下的主要矛盾并解决，才能找到解决复杂问题的重点，可事半功倍。

疾病的治疗亦是如此，审证求因、治病求本，"醒脑开窍针刺法"倡导辨病与辨证相结合，就是要厘清主要矛盾，将复杂问题逐一解决。辨病和辨证对疾病的认识各有侧重，病是对疾病的全过程的整体认识，证则重现阶段中的主要问题，将"辨病"与"辨证"有机结合，在"辨病"的基础上进一步"辨证"，充分体现了中医学的整体观念和辨证论治，对掌握疾病转归、根据个性因素精准立法施治具有重要价值。

石学敏梳理历代医学典籍，结合现代医学理论知识，继承创新，深化对"脑"和"神"的理论认识。以脑腑立论，辨病与辨证结合，对中风病的病因病机提出了新的认识，创立了"醒脑开窍针刺法"，为无数海内外中风患者带来康复曙光，对社会造成深远影响，同时醒脑开窍研究的步伐也从这里稳步向前。

石学敏创立的"醒脑开窍针刺法"不仅解除了千千万万中风患者的病痛，也为中医针灸的守正创新发展提供了范例。石学敏是当之无愧的现代针灸学的奠基者，由他创立的"醒脑开窍针刺法"及其学术思想理论，是现代针灸发展的重要基石。

"醒脑开窍针刺法"于1995年获得国家科技进步奖，1998年被国家中医药管理局确立为十大科技成果推广项目在全国推广应用，2009年获天津市科技进步一等奖，2013年被列入"财政部、科技部科技惠民计划推广成果库"。

"醒脑开窍针刺法"被写入《针灸学》《针灸治疗学》等多部中医院校统编教材，《石学敏针灸治疗学》（英文版）被列为美国国家针灸医师考试委员会教材。"醒脑开窍针刺法"自创立以来被广泛应用，已推广至国内200多家医疗机构，以及美国、德国、法国等60余个国家。"醒脑开窍针刺法"不仅惠及国内民众，更在世界范围内推广，帮助不计其数的中风患者重回健康生活。

手法量学，创新理论

石学敏经常说，科学工作者要说科学的话，做科学的事，走科学的道路。中医不是"一根针、一把草、一双手"那么简单，中医是一门科学，科学就是要严格、规范。

不断壮大的天津中医学院第一附属医院针灸学科团队

石学敏是第一个"吃螃蟹"的人，在20世纪七八十年代，他成功开展了我国中医界第一例"气脑造影"，当时没有CT、没有磁共振成像，唯一用来诊断的是经腰穿进行的气脑造影，这也是石学敏敢为人先、不泥古人的事实佐证。

科学研究、理论创新要本着连续性、深入性原则，接续不断地探索。延续"醒脑开窍针刺法"治疗中风病的思路，1981年石学敏提出了另一个具有时代意义的理论——针刺手法量学。

受病有浅深，使药有轻重，度其浅深，分毫不可差，明其轻重，锱铢不可偏，浅深轻重之间，医者之精粗、病者之性命，差以毫厘谬以千里。毫无疑问，中医学是科学，科学就必须存在规范，具有明确的量化观念。历代医家对针刺剂量已有模糊的描述，但对针刺手法量化概念始终混沌不清。而针刺手法是针刺的灵魂，针刺手法的标准和量化是针刺疗效的保障，是针灸学发展的必经之路。石学敏提出，施针必须同用药一样，使其规范化，明确量化概念。

那么针刺的量，该如何界定？

针对这个科学问题，石学敏及团队围绕针刺手法规范化、客观化进行了系统研究，对中风、中风先兆、胆石症、冠心病、三叉神经痛、支气管哮喘、带状疱疹、便秘等多种疾病症状进行了有剂量要求的针刺研究，同时对捻转补泻手法进行了系统整理。在此基础上，石学敏明确了针刺手法量学的概念和内涵，提出了针刺手法量学的四大要素，即针刺作用力方向、针刺作用力大小、施术时间、两次针刺间隔时间。此外针对最常用的捻转补泻手法，根据针刺捻转的频率、幅度、作用力方向提出了量化的补泻定义及规范操作。由他主持完成的《针刺手法量学研究》成果获 1986 年度全国（部级）中医药重大科技成果乙级奖。

天津中医学院第一附属医院针灸学科发展的成功范例，吸引了全国针灸学者前来进修学习。20 世纪 80 年代，北京某中医医院派 10 名医生到天津中医学院第一附属医院针灸科学习"醒脑开窍针刺法"治疗中风。"醒脑开窍针刺法"针刺处方的取穴并不复杂，对针灸业内人士可谓浅显易懂，前来学习的医生随石学敏查房后以为已经掌握其精髓，并没有再细致认真地观察，两个月后结束学习任务返回北京。

在某次学术交流研讨会上，石学敏正巧碰到北京某中医医院针灸科主任，他一见面就向石学敏询问："石院长，怎么你的技术在北京水土不服了？我们的同志到你那里进修回来，应用'醒脑开窍针刺法'治疗中风病，临床疗效并不显著。"

"那不可能，我找时间到你那里去看看。"于是石学敏亲自前往这家医院，以"醒脑开窍针刺法"为病人施针治疗，一周后效果显著，患者迅速康复。原来"醒脑开窍针刺法"处方，不仅明确了选穴，更对针刺手法及刺激量清晰界定。进修医生虽然取穴规范，但在操作手法上并没有按照处方执行，也就难以达到最佳的效果。

石学敏对这家医院针灸科主任说："你看这不是技术存在水土不服，'醒脑开窍针刺法'处方是基于大量临床案例，经过严格的、科学的界定。剂量和疗效是存在关系的，针刺作用力方向、针刺作用力大小、施术时间、两次针刺间隔时间，影响针刺疗效，这就是针刺手法量学的意义和价值。"

针刺手法量学的提出，标志着针灸学向着规范化、标准化、科学化迈出了关键的一步，填补了针灸学发展史的空白。针灸手法的科学界定，解决了针灸标准化难题，为针灸学的可持续发展及针灸疗法向国内乃至国际的推广提供了有力保障。

石学敏这样说："我热爱中医，我希望中医疗法是确切的、规范的，疗效是可重复的。大科学家应用'醒脑开窍针刺法'是这样的疗效，基层医生应用也是一样的疗效，不仅中医医院可以用，西医医院也可以推广，并且有同样的疗效，我从来不赞成僵化。"这些具有前瞻性的思维意识，始终贯穿于石学敏学术思想，也因此他缔造了如今的"针灸王国"，引领针灸学迈向现代化、科学化、国际化的道路。

繁霜尽是心头血，洒向千峰秋叶丹。

针灸在长期医疗实践中，具有独特优势，其根植于中医经典理论，且疗效确切、操作简便、适宜病种广泛，针对西医学难以治愈的慢性病、疑难病具有稳定疗效。且针灸生长在中华自然与社会环境中，具有深厚的群众基础，蕴含着中华民族特有的精神内涵、文化精髓，拥有广博的生命力和创造力，是中华民族智慧的结晶，也是全人类文明的瑰宝。

2006年5月20日，经国务院批准，针灸被列入第一批国家级非物质文化遗产名录。2010年，联合国教科文组织将"中医针灸"列入《人类非物质文化遗产代表作名录》。一枚银针贯中西，随着我国对外开放不断深入，针灸作为中医药国际化闪亮的名片，已在183个国家和地区推广应用，针灸从业者已达到50余万人，被20多个国家列入医疗保险支付范围。2022年2月发表在《英国医学杂志》（*British Medical Journal*）的文章显示，中风后失语症、血管性痴呆、颈肩部和肌肉疼痛、腰痛、纤维肌痛、分娩后的哺乳问题、过敏症状的针灸临床疗效具有科学依据。随着针灸证据体系的建立，国际对针灸的态度从排斥到接受，发生了翻天覆地的变化。2022年4月29日，美国《时代周刊》发表了《为什么针灸正在进入主流医学？》（Why Acupuncture Is Going Mainstream in Medicine）的专题文章。有着数千年历史的中华银针正迸发新的光辉，悄然进入了世界主流医学的视野。

针灸学经过不断探索、积累、补充、完善，已经初步形成了学术体系。传承绝不是泥古不化、故步自封，坚持中医理论主体，以现代化的科学手段，为具有2000年历史的针灸学增添与现代沟通的"词汇"。创新就是从临床问题入手，兼收并蓄、协同共生，揭开笼罩在古老针灸学上的层层"神秘面纱"，理性探讨新时代针灸的现在与未来，向世界展示中医针灸的博大精深、绚烂辉煌。

第五章

不畏山路远

携手再登峰

石学敏出任天津中医学院第一附属医院院长时留影

改革先锋，业余门诊

"院长！"

"石院长！"

"石院长好！"

每当石学敏来到天津中医药大学第一附属医院出诊或指导工作，医护人员称呼他，不是石院士、不是石老，而是石院长。石学敏卸任天津中医药大学第一附属医院院长已20年有余，曾经并肩作战的同事早已退休，但医院医护们还是习惯称他"院长"，在他们心中，石学敏永远是那位"站得高、望得远"的大家长，是庇护他们的参天大树，如矗立在碧海潮涌中的灯塔，一直指引着方向。

一个甲子的医路求索，石学敏著书50余部，对中医针灸展开了开拓性研究，创立了"醒脑开窍针刺法"，提出了针刺手法量学理论，使传统中医学跨入了现代科学的殿堂。石学敏获得的殊荣难以计数——国医大师、中国工程院院士、国家级非物质文化遗产项目代表性传承人、中医药杰出贡献奖、中医药国际贡献奖、中国好医生、第二届谢赫·扎耶德国际传统医学奖等，他是现代针灸的奠基人、饮誉海内外的中医大

石学敏在国际学术交流时留影

师。面对过往的辉煌，石学敏淡然面对，"这仅证明，我没有虚度年华"。

石学敏永远以深邃的眼神，凝望一座又一座山峦之巅。他不仅有医学科学家的严谨睿智，还具备管理学家的远见卓识，党和人民赋予他院长的权利，经过20年的艰辛求索，他创建了一个服务能力一流，以中医为特色，集医疗、预防、教学、科研于一体的现代化中医医学基地。

时间回溯至1978年，党的十一届三中全会召开，会议决定将全党的工作重点转移到社会主义现代化建设上，提出了改革开放的任务方针。面对中医药事业日渐式微的局面，邓小平批示："这个问题应该重视，特别是要为中医创造良好的发展与提高的物质条件。"[1] 这是改革开放时期我国中医药事业全面复苏的新起点。

此时的天津中医学院第一附属医院，形势依旧艰难，工作秩序亟待重新建立，位于多伦道93号的门诊楼在1976年唐山大地震中遭受重创，刚刚重新开诊。医院基础设施陈旧，办公设备简陋，全院仅有住院病床251张，大批患者难以入院治疗。医院固定资产价值仅为500余万元，只有一台使用多年的苏联制造生产的X光机，为住院患者提供汤药的

---

① 冷溶、汪作玲主编：《邓小平年谱(1975—1997)》(上)，中央文献出版社，2004年，第251页。

中药房是以药斗、锅炉等为主的手工作坊式操作间，每日煎药的锅炉在多伦道破旧不堪的小院里冒着滚滚黑烟。医院资金周转也十分困难，迫于现状，职工奖金只得每季度发放一次，还时常逾期，职工的工作效率和积极性难以提高，人心极度涣散，艰难维系着日常医疗工作。

1983 年，天津中医学院第一附属医院的发展止步不前，在这个艰难的时期，上级领导决定委任石学敏为院长，全面主持工作。石学敏面临着患者看病难、住院难，医院经费难、发展难，职工生活水平低、工作效率低的现状，这"四难二低"令他寝食难安：是靠等条件、要资金，还是锐意进取，在改革中找出路？

显然，石学敏选择了后者。

在特定的历史时期，智者往往选择开拓创新、兼容并蓄，也势必继往开来、引领未来。

作为一名医生，石学敏始终认为医院当以医疗服务能力为根基，面向人民健康需求，切实解决人民健康问题，方为医院发展建设之根本，从而确定了以病人为中心，发展医疗事业，服务患者、服务社会的发展方针。

人是医疗行为的主体，医疗机构中不同专业类别的医疗工作者构成了医疗活动的核心。医院作为知识密集型单位，在医院工作的多数是知识分子。知识分子最讲体面，没有效益，体面是难以维系的，提高经济效益和社会地位，才能从根本上调动医务人员的积极性。

当时医院待遇不高，男同志心猿意马，迟到、早退成了常事，更有专家教授因住房短缺出现家庭问题。很多女职工都成了"保夫派"，凡家中大小事情，都成了请假的缘由。更有医护直接找到石学敏，以家中孩子无人看管为由，提出不值夜班的申请。石学敏着急了："你

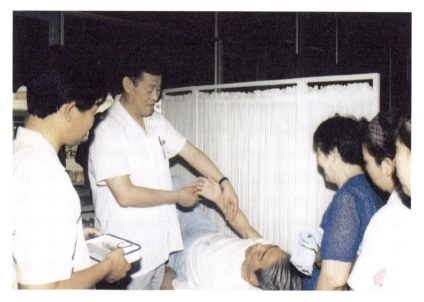

石学敏任天津中医学院第一附属医院院长时为患者针刺治疗

是国家工作人员，也是老护士了，不值夜班是外行话，这不符合医疗常规，你提的这个要求我不能满足，希望你再考虑。"

"院长，我家里有困难，实在是没人看孩子。"护士答道。

"我知道你们家孩子已经5岁了，之前怎么没有困难，反而孩子大了提出这个要求。你来上夜班，孩子我帮你照顾，明天你接班的时候把孩子一起带来。"

第二天，这名护士准时来接班，石学敏早早等在护士站，见此情景她不好意思地说："院长，您怎么来了？"

"我不是说了，你来上班，我帮你照顾孩子吗？"石学敏答道。

"还能真请您照顾孩子，我把孩子交给奶奶照顾了。"护士说道。

"那之前为什么提出这个要求？"石学敏问。

护士难为情地说："院长，咱们一个月工资赚得不多，给老人补贴的也就更少了，我们这种倒班的工作性质不便于照顾孩子，时间长了家里多少有一些意见。"

"原来是经济困难，别急，一年内，我们会有起色的。"

"周虽旧邦，其命维新"，求新求变是接续不断的过程，一场改革悄然兴起。

20 世纪 80 年代，中国社会经济发展稳步前进，各行各业的人们都在努力工作奔赴新生活。但医院服务能力还没有完全跟上社会发展的脚步，门诊每日到固定时间停止接诊，周末鲜有应诊，急诊虽然可以 24 小时接诊，但仅限于处理危殆病情的患者，致使患者就诊困难。行动不便的老人多数需要子女请假才能保证白天到医院就诊，很多患者甚至错过了就医的最佳时机。

为解决患者看病难、住院难的问题，石学敏提出了一个大胆的举措——开展 8 小时工作时间之外的晚间"业余门诊"。医护们排好班次，结束白天的工作后在门诊楼继续开展"业余门诊"服务。此举切实地解决了患者就医难的问题，"业余门诊"经常到晚上 9 点才结束，曾经一个晚间接诊量达到近千名患者，使医院服务形象大幅度提升，随之职工的收入也有了显著提高。

当时行业改革刚刚迈出试探性的步伐，石学敏的眼光和胆识无疑是超前的，也惹来业内不少非议，他们给石学敏扣上了"一切向钱""走资派""挖公费医疗的墙脚"的帽子。

面对这些质疑，他毫不避讳地说："我们的'业余晚诊'制度，的确是中西结合的产物，西方国家医疗体制中有大型医院，也有私人诊所。大医院的急诊部、住院部负责处理危重疑难医疗问题，私人诊所 24 小时应诊负责处理慢性病患者。我们国家还没有私人诊所，医生下班后患者就难以就医。我们是医生，就是以医疗技术为人民服务，解决不了基本医疗需求，怎么谈为人民服务？我认为开设'业余门诊'可以促进医院的发展，不用刻意回避经济效益，没有坚强的物质后盾，靠什么来提高技术、更新设备？空谈服务是不科学的。这个方向是正确的，这点毫无疑问！"

经过一年多的努力，他们的奋斗结出了累累硕果，天津中医学院第一附属医院每日额外解决了近千人的就诊问题，引起了广泛的社会反响。据当时天津市统计局调查显示，在没有额外投资、没有配备人员的情况下，天津中医学院第一附属医院相当于增加了拥有 300 张床位中型医院的服务能力。他们乘胜追击，同时扩大了家庭病床的服务范围。

天津中医学院第一附属医院家庭病床医生出诊

石学敏兑现了一年前的承诺，提高了职工的待遇，还为每一位员工定制了一身西装。这是在医院经济能力允许的情况下，第一次为职工定做服装，那也是不少职工第一次穿上西装。此外还置办了十几套房屋，妥善地解决了部分极度困难职工住房短缺的问题。

《人民日报》专题报道天津中医学院第一附属医院家庭病床措施

谈到职工待遇的问题时，石学敏这样讲述："毋庸讳言，我就是要让我的职工有足够的人民币，有住房，有家用电器，实现家务劳动机械化，只有这样，他们生活得潇洒了，工作才有干劲。实际上知识分子的要求不高：有一定的生活环境，一定的工作条件，一定的人民币。我们给了，全心全意工作的积极性就解决了。在我们的医院里，老干部、老工人、老护士都享受很高的待遇，他们的住房、工资等也得到了解决，凝聚力的问题也就迎刃而解了。"

那一年，天津中医学院第一附属医院职工代表大会座无虚席，石学敏步入会场，站在话筒前讲道："今年大家很辛苦，你们帮了我的忙，支持了我们的工作，同时也收获了阶段性成果，将来我们还要开小汽车、住洋房。谢谢大家！"语毕，瞬时掌声雷动，前排的几位职工还激动地站起来，用力地鼓着掌，满怀期待地望着石院长。当年医院的效益就成倍增长，职工家庭经济也宽裕了许多，对他们而言，开小汽车、住洋房的梦想还有些遥远，但未来定会如石院长描绘的那样，充满希望。

石学敏很清楚，知识分子大多率真，看重知识，只比贡献大小不比地位高低。他们对物质的需求也从不过度，良好的生活环境、适当的报酬，再加上尊师重道的氛围，不过如此。

早在阿尔及利亚医疗援助的时候，石学敏就有一个梦想——中国的医生也应该像国外的医生一样，开小汽车，住洋房。因此当他结束援助阿尔及利亚的任务时，无论中国驻阿尔及利亚大使如何挽留，他还是选择回到这片热土，他想圆这个梦。

石学敏总是说："当院长，我总认为我是'业余'的，我是个心直口快的人，所幸的是，医院里大多数人都和我一样直爽，作为一名领导，本身有知识，具有权威性，知识分子这个群体就会尊重你，管理起来相对容易。我从上大学的后期，到现在乃至未来，我都只想做一个医生、教师、学者，一个纯粹的知识分子，院长是我的社会职务，我认为这是一个兼职。"

理想的医院决策者，是德才兼备的，既是医疗技术专家，又是管理学家，具备复合型知识结构、多元的能力储备、鲜明的胆识魅力，对医院的发展具有历史性的推动作用。石学敏恰恰是这样的人，靠着革故鼎新的超越精神、披荆斩棘的奋斗精神、敢为人先的创新精神，石学敏率先擦亮了天津中医学院第一附属医院这张天津中医药的名片。

1986年，媒体先后报道了天津中医学院第一附属医院"业余门诊"的事迹，卫生部、人事部、财政部及天津市委、市政府，充分肯定了"业余门诊"的改革举措，并面向全国推广，天津中医学院第一附属医院也因此跨入了全国重点中医医院的行列，石学敏作为院长，获得全国十佳院长称号、"医疗卫生战线改革家"荣誉称号。

立身之本，以专为长

心存乎仁，行止于善。

石学敏有多重身份——院长、教授、国医大师、中国工程院院士，但他始终忠于一个身份，那就是医生。医者仁心，博施于民而能济众；大医精诚，发愿普救病痛之苦。

石学敏始终牵挂的是患者的医疗安全。他深知医疗安全关系到患者的生命健康，也关乎万千家庭的幸福和社会稳定，是医院总体工作的重中之重。现代医疗模式已从生物医学模式逐渐向生物心理社会模式转变，注重医疗技术与服务质量的共同提高。一所医院的核心价值在于为社会和群众提供优质高效的医疗服务。石学敏多方审度医院发展方向，确立了以患者为中心，以中医特色为优势，以科学技术为手段，以狠抓医疗质量为核心的医疗管理模式。

为满足不断变化的医疗需求，石学敏提出围绕专业特点开展专病研究，发挥中医药专科、专病、专家、专药、专技的"五专"特色优势，制定了院有专科、科有专病、人有专长的发展目标，进一步扩大中医诊疗范围。

在专科门诊的基础上开设专家门诊，1993年原制剂室扩建为杏林制药厂，开放了268种专药广泛应用于临床；同年出台了《关于加强专科专病建设的实施管理办法》，进一步发展壮大作为龙头的针灸学科，完善"醒脑开窍针刺法"治疗中风理论，总结专科疾病的针刺方案，并积极开展疑难病症的针刺治疗，拓展针灸诊疗范围，使诊治病种达百余种，特色治疗病种扩大至32个，内容涉及内科、妇科、儿科、骨伤科等多个学科。除对中风病进一步深入开展临床诊治研究外，还对病态窦房结综合征、中枢性呼吸衰竭、血管性痴呆、心肌梗死、心律失常等危

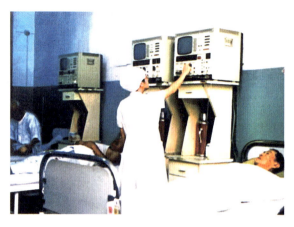

天津中医学院第一附属医院针灸科心血管重症监护病房

重病症进行攻关，并取得突破性进展，开针灸疗法治疗危重病症之先河。石学敏还倡导发展针灸专科技术，运用体针、头针、耳针、梅花针、芒针、电针、小针刀、经络导平仪、灸疗等多种诊疗手段治疗疾病。

急危重症的处理能力体现了学科的整体医疗水平，1985 年针灸学科率先设立了心血管重症监护病房（CCU），并配备了国内先进的中心监测设备，实现了危重患者的全方位监护，保障了医疗安全。针灸科心血管重症监护病房以针灸中药结合、中西医结合诊疗手段收治急性心肌梗死、不稳定型心绞痛、严重心律失常患者，治疗病态窦房结综合征、急性心肌梗死疗效显著，处于国内领先水平。

生命至上，是医者不变的宗旨。医学的终极目标不外乎挽救生命和缓解身心痛苦。急危重症始终是推动医学发展的核心动力，在中医学领域亦是如此。

中医并非"慢郎中"，对中风、外感高热、胸痹心痛等急性病症同样疗效显著。虽然在特定的历史背景下，中医急症学暂未取得长足发展，但中医和西医各有长短，合则双美，实现多学科参与、认知互补，为实践的进步提供了广阔的空间。

关于加强专科专病建设的实施管理办法

专科专病建设是医院医疗业务的重点工作，是落实示范中医医院建设的主要内容之一。我院重视专科专病建设，已形成一定的规模。目前，我院各临床部科中已建立专科23个，专病门诊67个。进行专科专病门诊建设，突出了各部科医疗专长和治疗特色，为我院扩大医疗服务范围，提高医疗质量，进行临床科研工作，提供了大量病源，奠定了良好的基础。为进一步加强专科专病建设的管理，使之更科学化、规范化，特制定加强专科专病门诊建设实施管理办法：

一、各部科要将专科专病门诊工作列入科室医疗工作重点之一，结合科室技术人才梯队建设，确定专科发展重点，合理安排人员，充分发挥专科学术优势，形成本专科对特色病种的治疗专长并开展单病种的治疗研究工作。

二、各部科要结合自身特点，开设三个以上专病门诊，每个专病门诊应确定一名具有技术水平的中级职称以上人员为专病门诊负责人，建立学术梯队，形成技术优势与人才梯队相结合的专病门诊力量。

三、结合本专科专病特点，确定专病门诊时间，将病人相对集中到专病门诊时间内，以便开展治疗及研究工作。

四、专病门诊人员要做到相对稳定，无特殊情况不得更换人员，如确需调动人员时，应报医务处，经主管院长同意后，方可调动。

五、凡属新开设的专病门诊，由科室提出申请，报医政科备案，经主管院长批准后，方可开展工作。

六、建立专科专病门诊病案，做好资料积累工作，各部科专科病门诊每年年终对专病治疗情况进行总结并上报医务处，以提高专病门诊的质量和水平，医院每年对各专病门诊工作进行检查。

七、加强对各专科专病门诊的宣传工作，各部科可利用院内宣传栏或其他形式广泛宣传，扩大专科专病门诊的影响。

以上办法，请各部科遵照执行。

医务处

1993 年 3 月 30 日

石学敏（右二）任天津中医学院第一附属医院院长与同事商讨新院区建设方案

早在唐山大地震后，石学敏就着手布局天津中医学院第一附属医院急症建设，扩大针刺在急救中的应用。当时由针灸科王崇秀、鲍家铸、韩景献、赵建国等医生负责，突出中医在急症治疗中的优势，采用中西医双重诊断，在脑梗死、脑出血、心肌梗死、病窦综合征、多脏器衰竭、感染性高热等疾病治疗方面积累了丰富的经验，处理危重疾患的能力不断提高。1985年正式成立急诊科，主要收治以中风病为主的内科急症病人，以急症为窗口，采用"抢救—复苏—住院"三阶梯疗法，以针灸、中药、西药结合疗法为特色，综合应用多学科抢救危重病症技术。1995年，又增设了肾病中心、糖尿病中心，以及配备了美国、日本透析设备的血液透析中心，提高了救治急慢性肾衰竭、药物中毒等救治服务能力，各项医疗服务水平指标不断攀升。

1991年5月15日，夏风轻拂，晨光熹微，庭院中的樱花淡雅芳香，坐落于鞍山西道的天津中医学院第一附属医院新院区内，众人一派繁忙。

"老张，快快！主席台还差一把椅子，鲜花摆在正中，这个是剪彩用的剪刀，放这里来……"

1991年石学敏（前排左八）在新院落成开诊典礼上合影留念

这一天是天津中医学院第一附属医院新院区的开诊仪式，天津市委领导、国家中医药管理局领导出席仪式，为新院区正式启用剪彩。

经过半年的试运营，新院区正式投入使用，作为1989年和1990年"天津市改变人民生活20件实事"项目之一，天津中医学院第一附属医院新院区坐落在南开区鞍山西道314号，占地60亩，总建筑面积6万平方米，设计定编床位600张，由7座楼宇构成，包括病房主楼、门诊楼、综合楼和后勤、供热、食堂等辅助楼，基础设施功能齐备。建设期间，卫生部、国家中医药管理局、天津市等有关领导都曾多次亲临现场勘察督导。

石学敏穿着整洁的白色衬衫，高大的身姿在人群中更显气度不凡，他刚刚查看了开诊前的准备工作，四楼的综合康复大厅内配备了日本先进的康复设备，这些设备和新院区满园的樱花都是日本友好单位为庆贺天津中医学院第一附属医院新院区开诊特别赠送的。他迎着晨光，望着院落正中的皇甫谧塑像和崭新的楼宇，在他的不懈努力下经过8年的建设，医院实现跨越式发展，总算对党和人民有个交代。

位于天津市南开区鞍山西道的新院区落成，标志着天津中医学院第一附属医院实现了第一次腾飞。石学敏带领团队再接再厉，乘胜追击，在国家中医药管理局制订的"杏林计划"中，针灸学科以雄厚的技术和人才基础成为全国针灸临床研究中心和全国针灸专科医疗中心建设单位，1995年、1996年相继成为天津市高教系统、卫生系统重点学科。

随着医院迁入新址，专科专病医疗技术蓬勃发展，原有的制剂室空间狭小、设备简陋，不足与日渐提升的服务规模相匹配，1993年时石学敏果断做出决策，将原药剂部制剂室扩建为杏林制药厂，地址设在西青区，采取联营方式投资成立制药企业。除继续生产传统的丸、散、膏、

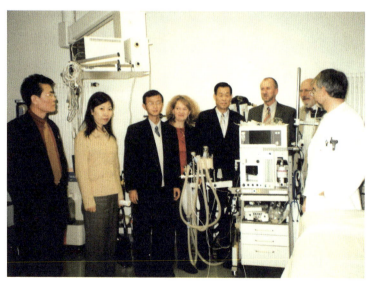

石学敏（左五）与学生王舒（左三）国际学术交流期间考察先进仪器

丹剂型外，还可生产口服液、胶囊、片剂、输液剂等现代剂型，生产了内科、外科、妇科、儿科等临床各科室 268 种专药并广泛应用于临床。

此外，杏林制药厂利用临床各科的专科专病优势和科研基础，致力于新药开发，进行了脑血管病、心肌炎等多种新药的研制，石学敏以40 余年的临床实践经验研制的丹芪偏瘫胶囊便是其中代表。丹芪偏瘫胶囊是我国正式批准的国家Ⅲ类新药，国际上称之为 Neuroaid（*MLC601*，*MLC901*）。2003 年 Moleac 公司和石学敏团队合作，按照西方医学的标准，针对丹芪偏瘫胶囊的安全性和有效性开展了独立研究。疗效研究从小样本病例观察到随机、双盲、安慰剂对照研究，再至多个国家合作的、大样本、多中心、中央随机、双盲、安慰剂对照研究，这是中国境外首次中成药治疗中风的大样本随机双盲对照临床试验，显示出丹芪偏瘫胶囊对中风病的疗效价值。

为明确丹芪偏瘫胶囊治疗卒中的机制，欧洲顶级科学家、诺贝尔奖获得者同 Moleac 公司开展了基础研究，发现丹芪偏瘫胶囊可提高中风患者大脑中动脉血流流速，增加血流量。丹芪偏瘫胶囊还成功走入国际中成药市场，新加坡委托五所具有资质的国家医院对丹芪偏瘫胶囊进行审核，药物观察结论非常理想，被批准为新加坡商品中成药。

在"五专"建设带动下，天津中医学院第一附属医院的整体实力不断增强，儿科在小儿癫痫、小儿肾病、小儿病毒性心肌炎等疾病治疗方面有突出优势，内科对冠心病、肾炎、白血病等疾病多有擅长……各个学科的学术和医疗水平全面提升，儿科、急症部相继成为全国中医儿科医疗中心建设单位、全国中医急症专科建设单位，一时间花开满枝，欣欣向荣。

科技兴院，院兴科技

科技赋能发展，技术推动进步，科技的日新月异为医疗插上了丰满的羽翼，为人类创造巨大的福祉。科技更新，使未来医学愿景变为现实。韩启德院士在谈到科技与医疗的关系时，曾说道："科技是推动医学进步与保障全民健康的根本力量，对此不容有丝毫的怀疑与动摇。"技术作为主要手段推动影响医学界整体发展，使诊断准确实时、治疗理性可控，人类对健康的认识、对疾病的治疗将进入崭新的阶段。

时代变迁，人类疾病谱悄然发生着变化，与此相对应，居民的健康需求也在逐步转变。医疗作为医院工作的主体，发展医疗技术无疑是提升医院竞争力的关键所在。了解科技前沿、应用当代科学技术是医院面向健康需求、实现发展的恒动力。科技的应用依赖管理，科学的管理更是引领医疗科技创新的源泉，医疗科技与医院管理是医疗良性生态的"双螺旋"，缺一不可。对于以患者为中心的现代医院来说，管理者通过构建整体框架实现医疗服务，更要将国家医疗卫生政策落实到医疗的各个环节，使患者享受更加良好的医疗服务和就医体验。

"运筹帷幄之中，决胜千里之外"，作为医院的管理者，深明韬略，方能指引未来。

1993年石学敏任天津中医学院第一附属医院院长

"现代化的科学技术应成为中医学事业发展的'翅膀'和'车轮'。"1983年石学敏提出将针灸科科学化的管理模式、以新兴科技促进学科发展的经验，推广至全院，并提出"艰苦创业、努力拼搏、团结奋进、科技兴院"的思想，首次将"科技兴院"作为办院方针。

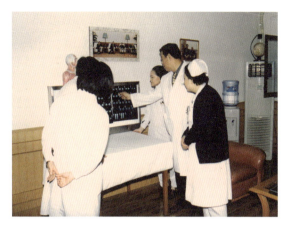

石学敏任天津中医学院第一附属医院院长时指导针灸科诊疗工作

20世纪70年代末期，科技力量薄弱，业务发展缓慢，科研能力欠缺。1984年之前仅有针灸科和心血管科取得两项科研成果。石学敏任院长后，将科研工作列为重点，投入人力物力。首先，完善了医院科研机构组织建设，增设科研科，统筹全院科研工作；在学术上，增设科研专家评审会（后发展为学术委员会），保证科研水平和质量；在临床科室遴选学术带头人，确定学科研究方向，鼓励以专科专病为特色开展学术研究。其次，重视科研人才队伍建设，实施科研奖励措施，出台经费使用办法，促进科研工作落地实施，细化各级科研课题立项及成果奖励办法。不断激励科研人员的积极性、创造性，使科研工作实现可持续发展。1992年由医院自筹经费设置了院级科研课题，为高级别课题申报夯实基础。

科技兴院。在石学敏战略决策支持下，科研带动专科建设，促进全院学科发展。以针灸科为龙头，全院各科集专病优势开展研究，为临床提供参数，为治疗提供依据，并逐步推广成果。10年后，全院获国家、省部级科研成果40余项，是1984年的30倍，局级以上课题立项是1984年的20倍，获得国家专利5项，发表出版论文、著作2000余篇（部），并获得中医领域首个国家级最高奖项，各优势学科先后晋升国家级或省市级重点学科。

关于向承担各级科研立项课题的部、科（室）发放奖金的
暂行规定（修订稿）

为了鼓励我院科技人员进行科研活动，鼓励各部、科（室）支持本部、科（室）的科技人员搞好科研，使之能在科研时间等方面得到保证，特对承担科研课题任务的部、科（室）发放一定数额的奖金，并做如下暂行规定。

一、本奖金由各立项课题经费支出。

二、凡有已正式立项的科研课题的部、科(室)均按本暂行规定执行。

三、发放本奖金的时限以科研课题合同书为据，即合同书签订的科研起止时间内发放。到期未完成的课题延期期间不再发放；提前完成的课题，在成果鉴定之日的下一个月份，也停止发放。

四、本奖金发放到课题负责人所在的部、科（室），由课题负责人和部、科（室）主任共同协商，根据本部、科（室）及课题研究人员实际情况予以分配。

五、课题负责人以外的其他部、科（室）如承担本课题的部分研究工作时，则由课题负责人与承担部分研究工作的部、科（室）协商根据其研究内容，向课题负责人所在的部、科（室）提出申请报告，将本奖金的部分或全部，按承担部分研究任务的时间，拨到其他部、科（室）。

六、本奖金发放数额，根据立项课题级别不同而不同。

1. 国家级课题（国家科委、国家自然科学基金等），天津市科委攻关课题，每个课题每个月发放 800 元。

2. 部、省（市）级课题（国家中医药管理局、天津市科委、天津市自然科学基金、青年科学基金等），每个课题每个月发放 450 元。

3. 局级课题（市高教局、卫生局等），每个课题每个月发放 100 元。

七、医院科研科在接到各级课题正式立项通知后，即将课题名称、课题负责人及所在部、科（室）课题研究起止时间（即奖金发放期限）等通知有关部门。课题负责人（或课题负责人委托课题组人员）任课师经费收支登记本领取奖金。

八、上级下拨科研经费不足的课题，不按月发放本奖金，仅在科研人员确实脱产进行研究工作期间，由课题经费中适当提取劳务贴。

九、未完成课题，不能取得成果（或未通过验收）者，由课题负责人如数退回所发全部奖金。

本暂行规定自 1996 年开始执行。

1995 年 11 月 2 日

院兴科技。石学敏提出，医院的诊疗水平不能低于同级别西医医院。加强急症部、脑外科、心外科、介入中心等现代医学优势学科建设，为中医学科的发展保驾护航，努力为中医治疗提供科学依据。

医院随着经济实力的不断增强，引进了大量先进的仪器设备，陆续扩建和重组了医技辅助科室，设立了放射科、中心试验部、功能检查科、计算机中心等技术科室。

医院迁入新址后，放射科先后开展了 CT、磁共振成像等检查项目。特别是引进的德国西门子公司 MAGNETOM Symphony（Quantum 梯度）1.5T 超导共振仪，是 1999 年最新研制的高级临床研究型 MRI，具有当时最先进的功能，属国内一流水平。在原检验科的基础上成立中心试验部，引进原子吸收仪、全自动生化分析仪、酶标仪等先进仪器，全方位开展临检、生化、病理、放免、微生物、血流变等检验检测工作；功能检查科开展了包含彩超、心功能、综合心电图、脑电图在内的 30 余项物理诊断检查。

随着全院现代化管理的加强，1993 年建立了计算机中心，逐步实施电脑网络建设，先后成功开发了医疗信息管理系统、以中型电子计算机为主的集中分布式网络系统，对全院的医疗信息、管理信息进行系统地整理、收集、传输、储存、加工处理，使医院工作更加标准化、规范化，为临床和基础研究提供了大量信息支持。还为急症部、针灸部、儿科、外科，建立中央监护系统。至此，检验、影像、监护、计算机四大系统建设逐步完善，极大促进了医疗、教学、科研水平和管理水平的提高。

截至 2000 年，全院共有设备 1000 余台，总价值 5000 万人民币，完全可以满足临床、科研工作需求，结束了仅凭传统望闻问切的诊疗历史，走上了科学化诊断路径。一个专科特色突出、技术全面，集医疗、教学、科研于一体的大型现代化综合性中医医院展现在人们面前。

天津中医学院第一附属医院已成为医疗技术力量雄厚，中医学与现代医学并重，在国内外具有深远影响力的中医综合性医院，先后获得全国最早的三级甲等中医医院、全国百佳医院、示范性中医医院、全国卫生系统先进集体、卫生部紧急救援中心网络医院、天津市文明单位等多项殊荣。

医学经历了传统经验医学、实验医学、现代系统医学的发展阶段，其模式正从理性的被动治疗向主动健康转变。拥有《柳叶刀》（*The Lancet*）、《细胞》（*Cell*）等顶级医学学术期刊的信息分析公司爱思唯尔（Elsevier），2022 年 3 月 30 日发布的《未来医生白皮书》，描绘了全球医疗发展的三大趋势：数字技术与医疗手段的深度融合、患者健康素养的全面提升、多元化医疗场景的全新升级。自然气候环境变化、社会进步、经济环境发展，致使人类疾病谱、健康需求发生转变，而科技贯彻医学前进道路的始终。明辨机遇挑战，凝聚发展共识，明确健康内涵，探讨新形势下健康产业建设发展路径，是永恒的命题。

现代中医医院建设其根基是确切的疗效和高水平研究成果，基于此便要从专科特色着手，发展独树一帜的龙头专业，找准研究方向深耕本领域，从而带动医院跨越式发展。

石学敏无疑是一名医院管理家，他睿智善思、方位明确，发挥祖国传统医学特色优势，以科技为引领，制定了"科技兴院、院兴科技"的办院模式，将当代前沿科技与医疗技术融合发展，为医院建设注入强劲动力，推进医疗、教学、科研全面提升，探索中医医院体系化、科学化、现代化的建设之路。

实事求是，实话"石"说

1993年12月，德国法兰克福机场的上空飘起了雪花，机场内洋溢着圣诞节日的气氛，各色装饰欢腾愉悦，为短暂驻足的旅人带来了祥和与安宁。

暮色已沉，石学敏此刻正站在候机大厅的落地窗前，出神地看着航班次第起落。

"院长，您坐一会儿，学术研讨会开了3个小时，再赶夜间的航班太辛苦了。"随行的人员说道。

"我们前往机场的路上，接到小邵的电话，通知我们院里，天津市负责中医医院分级管理评审的同志过几天要到我们单位来审查。"石学敏对随行人员说。

石学敏任天津中医学院第一附属医院院长时在国际针灸学术研讨会中发言致辞

正聊着，石学敏乘坐的航班已经开始登机，他们踏上了归国的旅途。

翌日晚10点，石学敏拖着行李，风尘仆仆地跨进了医院的大院。眼前的天津中医学院第一附属医院灯火通明，前院的广场上，传达室老王正蜷缩在棉衣里打着瞌睡，他面前整齐地摆放着一排排自行车。它们的主人还在医院的大楼里热火朝天地工作着，准备着几日后的审查。

石学敏见此情景，三步并作两步走进办公楼，放下行李，往最明亮的地方走去，寻找负责此次工作的副院长小邵。

石学敏来到会议室，看到了邵副院长，会议室里大家还在不分昼夜地工作着，有的负责审读申报资料，有的翻阅病案，有的核对文件是否已准备齐全，清洁工们正在蹲在地上一块块地擦拭着瓷砖，力争以最好的状态迎接审查。

"小邵，你来一下。"石学敏说。

"石院长，您怎么赶来了？您真是数十年如一日，出差回津没有一次回家，都是直奔医院。"

"小邵，这是干什么？都10点多了，职工家里都有老人小孩要照顾，这么加班职工是要闹意见的，赶紧让他们都下班回家。"

"院长，过两天市里来咱们院审查了，这个项目我们准备了两年，现场评审不能出状况啊。"

"小邵，你稳当住了，自己都说了，这不还有几天呢。"

1991 年，国家中医药管理局颁布了《中医医院分级管理办法与标准》，石学敏随即组织成立了三级甲等医院评审达标领导小组，由他本人担任组长，大家志在必得，力争成为中医业内首家三级甲等医院。领导小组提出了"以发挥中医药优势为先导，以提高医疗质量为中心，全面推动医疗工作上等级、上水平，争创三级甲等中医医院"的方针，重点在医疗能力、护理水平、药剂调配、行政管理、设备运转等方面加强软硬件建设，并制定了 13 项主要改进措施，足足做了两年筹划。

几天后，天津市中医医院分级管理评审委员会的专家来到天津中医学院第一附属医院进行实地审查。审查决议前，石学敏对评审专家组说："各位专家，我先做自我批评。我必须对各位诚实，在座的也有几位是搞外科专业的，对手术室的构造十分熟悉。您们也看到了，我们这手术室配备了手术观察室，但是手术观察室的结构很奇怪，里面还有换衣服的柜子，很像医生休息室。这一看就是假的，为应付检查，我们把医生更衣室临时改为手术观察室，这点我们承认是我们的错误。"台下开始窃窃私语。

"再则，我坦白，有的病历资料我们重新誊抄过……"诸如此类，石学敏列举了好几条为迎接验收而做出的"不诚实"的举动。

石学敏接着说："各位评审专家，我不是恶作剧，我刚从德国交流回来，没有细致地做战前准备，担子都落在小邵身上。但我们为了评审也做了两年的工作，现在把我们医院的情况如实地呈现，请各位专家指正。"

石学敏在天津中医学院第一附属医院建院 40 周年庆典上与外籍专家合影

评审专家们听完了石学敏的讲话，纷纷举手，其中一位消化外科专家，操着浓重的南方口音感叹道："石院长，您医院管理得好，实事求是，我们的领导如果像您，医院可就不一样了！"

评审专家们纷纷举手发言，提出建设性意见，石学敏求真务实的工作作风让专家们由衷赞叹，最后在现场评审阶段打出了 99 分的高分。最终天津中医学院第一附属医院以 974.2 分的优异成绩，通过了天津市中医医院分级管理评审委员会的验收，成为天津市第一所三级甲等中医医院。

石学敏敢于正视问题、揭露问题，从不回避问题、文过饰非，又善于找准布局、解决问题，形成了天津中医学院第一附属医院真抓实干的工作局面。他敢于打破几十年的陈规旧习，从实践中寻找管理要害，以分配制度改革为抓手，提升医院综合实力、提高知识分子待遇。对于人事管理与分配制度，采用"三改一建"的管理方法：一改"铁交椅"，专业技术干部实行聘任制，以聘为主、评聘结合，能者上、庸者下；二改"铁模式"，使中层干部在其位、思其政，厘清任务量、细化责任义务，根据其业绩能力，有升有降，有任有免；三改"铁饭碗"，实行全员合同制，严格履行合同、兑现合同，实施精细化管理，按贡献大小调整收入水平，充分调动了职工的积极性；"一建"是建立健全人事管理等各项规章制度，有章可依，从严治院，先后出台人事管理等12项规定，健全了医院自我监督和管理机制，还设置了内部检查督查职能机构——院内督查办公室。

人是管理的核心，任何管理机制、管理模式、管理制度都必须以"人"的实际情况为基础，才能取得预期效果，否则都会沦为空谈，没有任何实际意义。

"仓廪实而知礼节，衣食足而知荣辱"，人的需求是由不同层次构成的，只有满足了最基本的需求，人的发展面才能逐步展现。作为医生、作为知识分子，石学敏深知，尊重知识、肯定劳动价值也是其中必可不少的一环。

石学敏常说：我们的医生护士，钱包里有钞票，生活得体面，家庭、社会地位提升，电量才满，干劲才足。医院致力于为职工谋福利，提高工作条件和生活待遇。在经济分配制度上，贡献大、能力强、创益多则待遇好，以"两个倾斜"为方针：一是向"老"倾斜，即向贡献突出的老干部、老护士、老工人倾斜；二是向"知识"倾斜，向高级知识分子、有贡献的中青年科技干部倾斜，体现了对科学技术的重视，对知识价值的尊重。在工作中磨炼人、培养人，从情感上感染人、激励人，形成了空前的凝聚力和号召力。

石学敏常说：眼界要宽，不能拘泥于眼下的一事一物。众力并则万钧举，人心齐则泰山移。学科的建设、医院的管理不是一人一功、单打独斗，而是一个群体的不舍寸功、笃行不怠，我们看到的远大目标不能只是个别人看得清，群众也要看得见、摸得着。

天时、地利、人和，是成功的因素，缺一不可。审时度势，把握时机，平衡近期效益和远期目标，有起承、有铺垫、有避让、有递进地运筹帷幄，这无疑是管理的艺术。

领军者做出的决策目标与远景设计，多是带有一定风险性、前所未有的举措，但形势迫人、挑战逼人，势必要在痛点、难点上寻求突破口，打破固化体制的弊端、利益僵化的藩篱，走出创新发展的路径，实现从0到1的突破。

桃李满园，各竞芳菲

针灸以其确切的临床疗效和独特的理论体系，成为中华传统医学的瑰宝，在当今的世界医学之林逐渐突显了重要的意义与价值。20世纪是针灸继承发扬、求新求变的百年，学术发展需要人才，人才的培养离不开教育。多年来，石学敏深耕针灸学教育领域，承担着本专科生、硕博士研究生、国际留学生的培养工作，早已是桃李满园，硕果累累。

人间四月，芳菲阑珊。

漫天的柳絮刚刚散尽，草地上还留有片片雪白。缓步春日，流莺婉转，清风拂面，暮春是北方四季中难有的平和柔顺。

时值1987年，天津中医学院教学楼两侧的花坛中，芍药开得正艳。学生们三两成群，席地而坐，有的捧着一本书默念，有的在小声切磋课

石学敏（左）与学生在毕业典礼上

上未解的难题。此时，一位身着白衫、俊逸卓群的男教师，手持讲义，步履急促，匆匆走过。

"听说咱们这学期针灸学由石学敏教授主讲，刚才过去的是不是石教授？"学生们悄声议论着，随即上课铃响起，他们站起身来，朝教室走去。

刚刚进入教室的男教师，正是石学敏。

他在讲台前站定，开始授课："各位同学，今天是针灸学第一堂课，由我为大家讲述绪论部分，作为针灸系的学生，大家刚刚接触针灸，对针灸学有什么想法……"偌大的阶梯教室里没有一个空位，有的学生甚至站在后排聆听。在这节绪论课上，石学敏总括了针灸学发展脉络，并简要介绍了针灸临床应用及研究进展，循着他的指引，学生们感知到针灸这一拥有两千多年历史的中华文明瑰宝正迸发着无穷无尽的生命力，吸引着他们领悟更深层次的针灸奥秘。

对于本科生教学石学敏一直非常重视，无论事务怎样繁忙，他坚持授课，对此他曾说："现代中医高等院校培养出来的医学生，理论知识比较扎实，知识面比较全，包括现代医学的基本知识、物理的、化学的都是比较全的，所以对于发展中医应该说是非常有利的。"学生们喜欢石教授，课上石教授将针灸、中药、方剂融会贯通，将晦涩难懂的医学知识与临床实例相结合，讲解条理清晰，话风又不失风趣幽默，使学生产生了浓厚的学习兴趣。课后石学敏指导学生们临床实习，使学生们在实践中获取真知，许多学生都是在医学专业学习的早期得以睹见石学敏这位针灸大师的风采，从而立志从事针灸事业。石学敏主编主讲的《针灸学》被评为国家级精品课程；《针灸治疗学》将"醒脑开窍针刺法"治疗中风理论，以及调神理论指导下治疗疼痛、郁证、脑病、各种疑难杂症纳入教材，贴近临床，获得学界广泛认可。

多年的教学经历，令石学敏意识到传统针灸教学存在人才成长慢、实践能力差、科研意识弱的问题，桎梏着针灸学发展。针灸作为一门实践性学科，需要将复杂的理论融会贯通，再应用于临床实践，现有的教学模式较为固化，针灸专业学生难以将理论知识迁移重组应用于临证实践，亟待创新更适宜的教学方法。

石学敏突破传统针灸教学模式，提倡经典理论知识、临床实践能力并重，适应当代针灸发展需求，侧重多学科知识结构和外语能力培养。在教学方法上，以先进的医疗设备、教学工具为抓手，丰富教学手段，让学生徜徉于知识海洋，乐于钻研。

1987年，经教育部批准，天津中医学院针灸专业成为博士学位授予点，石学敏成为天津第一位中医博士生导师。对于博士生的培养，他有独到的看法："从博士生培养看，主要是培养高级研究人才，他要有一定临床技能，然后培养他如何根据我们党的方针政策，把中医去其糟粕、取其精华，升华这个精华，使它更科学化，用现在更高级的科学手段，去研究中医。这样培养出来的人才，将来所拿出来的研究成果，绝对都是科学的，是国际一流的。"针对硕博士研究生，石学敏制定了高层次人才培养计划，结合学术专业特色，研修理论知识、精读本专业书目，同时增强临床实践经验，鼓励进修深造，提升解决疑难病症的能力；

石学敏（中）与博士毕业生在毕业典礼合影

关注针灸学科发展国际前沿，及时了解国内外先进诊疗技术，提倡科研合作、学术交流。石学敏的早期博士生翟娜、李平开展的醒脑开窍针刺法治疗脑梗死的形态学相关研究、醒脑开窍针刺法对脑缺血及再灌注损伤影响的实验研究，处于业界领先水平。

学术繁荣以继承为本、创新为务。1997 年 1 月，石学敏被确定为全国老中医药专家学术经验继承工作指导老师，他非常重视师承人员的培养，既培养了李金波、李澎、田晓芳、杜宇征、戴晓矞、赵琦、满斌等多个批次学术继承人，又在国内广西、广东、河南、河北、山西、山东等地培养师承人员。为确保学术思想和临证经验传承，他强化考核指标、具化跟师要求和跟师形式，并使学术继承人的学术特点更加突出，如今许多学术继承人已成为针灸领域的中流砥柱。

石学敏体系化、链条式的针灸教学设计，使针灸教学基地初具规模，并取得了丰硕成果。天津中医学院第一附属医院的针灸教学水平迅速提升，培养大批复合型针灸人才，获得国内中医药高校专家的广泛赞誉。

石学敏在培育高水平针灸人才的同时，也锻炼了一支优秀的针灸教学团队，1993 年、1996 年先后取得了"开辟教学新途径、培养针灸新人才""中医针灸高级人才培养模式及机制""独辟新径，探索中医博士生培养之路"等3项教学成果，分别荣获天津市教委成果一等奖和普通高等院校优秀教学成果国家一等奖，周继曾教授、韩景献教授相继被聘为博士生导师。

"才者，德之资也；德者，才之帅也"，医德医风是对医疗从业者的最基本要求。为医者，应富有人文关怀，建树哲学理念，要理解患者之思想、感情、意愿以及家庭社会背景，考虑并尊重其要求；要在治疗疾病的基础上，保护其精神心理；要全面地、辩证地分析，审慎地、负责地作出诊断与处理。医者给予的有时是技术，有时是管理，但本源应是关怀。在教学中，石学敏始终重视德育工作，以身边的实例教育人，将仁爱精诚的医者初心倾注医疗事业始终，薪火相传。

1996年10月26日下午，石学敏为两名学生特别举行了一场隆重的"开学典礼"。

石学敏曾收到一封来自延安的信件，署名人孙华这样介绍："敬爱的石学敏教授，您好！我的名字叫孙华，我的家乡是革命老区延安志丹县旦八镇石洼庄村，我和牛世勇是普通农家儿女。初中毕业后我就回到了那个贫瘠又温暖的山村，但我们那里文化水平低、医疗水平低，村医对病情诊断不清，乡亲有了病都迷信鬼神，许多人延误了治疗造成严重后果。我从中央电视台播放的节目里看到了您的专题片，介绍您以一根银针为万千患者解除病痛。我想，如果我们也能用一根针治病，在这个缺医少药的山区做一名医生，解决乡亲们的痛苦，该有多好！我冒昧提笔，希望您能准许我们到天津跟您学习。"

乡村学子质朴的话语深深打动了石学敏，他随即向志丹县核实情况，并经天津中医学院第一附属医院党委研究决定，无偿接受孙华和牛世勇来津学习，不但免除了学杂费，其在津的食宿费用也由医院承担。医护

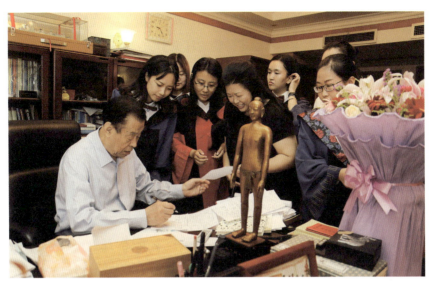

石学敏与硕博士毕业生

人员得知情况后纷纷捐款，筹集了6589元作为他们在津必要的生活费用。

　　就这样孙华和牛世勇满怀激动地收拾行装，奔赴天津。石学敏亲自为他们授课，还特别为他们制定了教学大纲，力争在短期内达到中医专业大专文化水平。医院特别为他们举办了"开学典礼"，时任天津市政协、市教委的领导列席其间，欢迎这两位来自革命老区的农家学子。开学典礼上，孙华见到心心念念的石教授，哽咽道："我不知道怎么报答您，只有抓紧时间学习，用优异的成绩报答为我们付出的颗颗爱心，做一名像向石教授一样医德高尚、医术高超的医生，为家乡父老献上一片赤诚。"

　　学术发展，若想以接续不断的步伐稳步向前，必须着眼内涵建设，做好战略谋划，大力培养和造就复合型人才、创新型人才、领军型人才。回首近现代针灸学的发展，曾历经疾风骤雨，幸而新中国成立后一扫积弊、克成善举，如今正稳步走向新纪元，这离不开高水平人才不断开拓

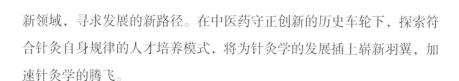

新领域，寻求发展的新路径。在中医药守正创新的历史车轮下，探索符合针灸自身规律的人才培养模式，将为针灸学的发展插上崭新羽翼，加速针灸学的腾飞。

固守学术，科学探索

意大利医学史学者阿尔图罗·卡斯蒂廖尼（Arturo Castiglioni，1874—1953）这样描述医学的最初使命："医学，是随着人类疾病痛苦的最初表达和减轻这份痛苦的最初愿望而诞生的。"

综观医学发展百年，科技创新推动着医学发展。1895年伦琴发现X射线，引发诊断技术革命；1928年青霉素问世，感染性疾病治疗开启了新纪元；1953年脱氧核糖核酸（DNA）双螺旋结构的发现，标志着人类在揭示生命奥秘的进程中迈出了坚实的一步。

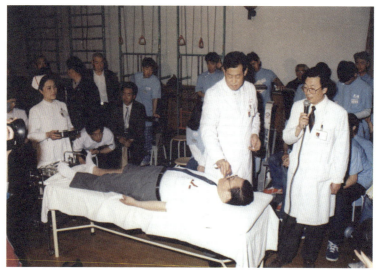

石学敏在中国·天津国际针灸学术研讨会上为专家学者现场演示针刺手法

医学是扎根在多学科之中的综合性科学，其更新需要利用各个领域的科技手段，不断地借鉴吸收，再修正。创新一定是医学发展过程中亘古不变的主旋律，对生命现象的探索是医学领域创新发展的不竭动力。中医学产生于中国农耕文明时代，不同文明体系、不同科学知识之间冲突、裂变、融合，历经千年，至今仍迸发着勃勃生机，其根源在与疾病斗争的实践中不断传承、守正创新。多元文化、多学科交叉，运用新兴技术手段诠释中医，为创新理论提供无限可能。

石学敏认为，针灸作为一门科学，就必须有发展。其发展的必由之路就是要与现代科技手段相结合，利用所有可利用的技术手段来发展学科。

石学敏在临床实践中，逐步形成了针刺治疗中风病及并发症的规范化诊疗体系，引入先进的研究方法和手段，对疗效进行了综合系统的评价，获得了高级别的临床证据，并结合现代科学技术，系统地阐述了针刺治疗缺血性中风病的疗效。临床研究严格按照循证医学原则进行随机化临床试验（RCT），证实可明显改善各期中风患者神经功能缺损程度，改善各期中风患者日常生活能力，对急性期的改善尤其明显，可降低各期中风患者残障程度。

基于针灸自身规律，石学敏对于治疗效果不理想的病或者证，进行规范性研究，即明确疾病诊断后，根据中医经典理论，病证结合，确定理、法、方、穴，得出行之有效的治疗方案。再将此方案进行临床验证，筛选最佳处方，进行多中心、大样本临床试验，最终确定方案的有效性。再进行基础研究，阐明通过哪些机制、途径解决问题，最终得出确实有效、规范可重复且机制清晰的临床方案。

"我是一名知识分子、科学工作者，说科学话，办科学事。针灸是

石学敏任天津中医学院第一附属医院院长时为患者诊疗

科学的，我们就要用科学的办法证明。"无疑，石学敏开展的"醒脑开窍针刺法"相关研究，就是这样的思路。

中风病是危害生命健康的突出问题，是医学难以解决的重点问题。石学敏系统梳理浩如烟海的中医古籍，结合临床实践，初步认为中风的病机与"神机失用"有关，于是选取内关穴进行"预实验"，结果与预期一致且治疗效果可重复。从而确立了中风病病机为窍闭神匿、神不导气，治疗方案为醒脑开窍、疏通经络、滋补肝肾，并制定了处方，规定了手法，确立了临床方案。

1972年至1981年，研究初期的10年间，石学敏带领课题组共观察住院患者625名，初步肯定了临床疗效；并在常压下进行小白鼠耐缺氧实验，结果表明，"醒脑开窍针刺法"延长了小白鼠的生存时间，证实针刺对保护脑细胞具有一定作用。1982年，经天津市科委专家评定，"醒脑开窍针刺法"获天津市科技进步二等级，这是天津中医学院第一附属医院有史以来第一个科研成果。

在研究的第二个 10 年，课题组回顾了前期研究过程，提出了另一个跨时代的理论，即针刺手法量学。针刺处方要如同用药，讲求量的概念，才能更规范、可重复。譬如针刺人中要求以重啄手法，以患者眼球湿润为度等。并对补泻手法进行了系统整理，使其趋于规范化，对一些疾病如椎 - 基底动脉供血不足、无脉症、支气管哮喘、冠心病的针刺最佳施术手法进行了观察研究，找到了某些治疗规律。基于此提出了针刺手法量学的四大要素：针刺作用力方向、针刺作用力大小、施术时间、两次针刺间隔时间。1986 年，针刺手法量学相关研究成果被评为全国中医药重大科技成果奖乙级奖。

科学研究需要赓续不断地投入，科技的发展为研究插上丰满的羽翼。沿着"醒脑开窍针刺法"治疗中风的研究方向，课题组广泛开展了临床和基础研究，验证针刺疗效，探索其作用机制。

临床研究方面，对 9005 例脑血管病临床各期住院患者，采用国际公认的中风诊断标准和爱丁堡 - 斯堪的那维亚疗效评定标准，进行严格的对照观察，结果显示临床治愈率 59.27%，显效率 23.15%，总有效率 98.56%。

基础研究方面，实施脑血流、血液流变性、血脂代谢、脑电生理、脑组织化学、脑形态学及超微机构、脑神经递质代谢、脑血管功能、形态及脑代谢等多学科、多层次联合攻关，研究深入亚细胞系统、分子水平，先后承担了"八五"国家重点科技攻关计划、"九五"国家科技攻关计划项目、国家重点基础研究发展计划（"973"计划）、科技部行业专项等多项重大课题。"醒脑开窍针刺法"治疗中风的临床及实验研究，于 1995 年获国家科技进步三等奖，这是新中国成立后中医临床研

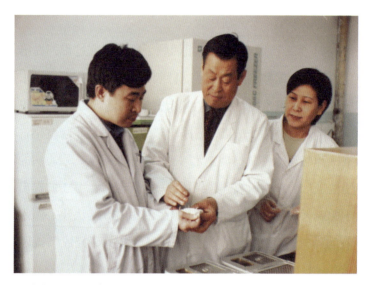

石学敏（中）与在实验室工作人员应用 SAM 鼠进行科研实验

究获得的第一个国家级奖项。石学敏还分别指导了国内第一个利用蛋白组学技术、代谢组学技术研究针灸作用机理的课题。

此外，石学敏带领团队与多家国际学术机构开展国际合作研究。20世纪 80 年代与日本北里大学（Kitasato University）等机构进行多项合作研究，并派遣科研骨干研修学习，进行脑血流相关实验和针刺的脑功能机制研究，证实了"醒脑开窍针刺法"的有效性。

1993 年，石学敏从日本京都大学（Kyoto University）引进并繁育成功自然快速老化模型小鼠 SAM（Senescence-accelerated mice），共 4个品系，填补了我国抗衰老研究动物模型的空白。快速老化模型小鼠SAMp/8 以脑老化痴呆为主要特征，基于此开展了系列研究，从行为学、自由基损伤、脑细胞过度凋亡和脑细胞活性基因转录及调控水平揭示了针刺主要作用机制，特别是脑细胞活性基因转录及调控水平与脑老化关系研究，被老化鼠研发者、日本老年病学专家、京都大学笹川昌则教授等评定已达到国际领先水平。

日本的山本胜司教授曾评论道："如果针刺麻醉作为针灸治疗的第一阶段，那么'醒脑开窍针刺法'开启了迄今为止的另一个新阶段。"

也曾经有专家劝说石学敏，放弃中医药现代化这一研究方向，科学的道路是艰难的、未知的，更多的人穷其一生进行探寻，也未能获得丝毫成果。

然而石学敏坚韧不拔、固守学术，一个甲子的科学征程证实，他是正确的。他以学术立身，带领针灸学科团队开展"醒脑开窍针刺法"治疗中风的实验研究，向科技进军，面向生命健康突出问题，深入研判形势，将科技摆在战略核心位置，从点的突破迈向系统提升，从量的积累迈向质的飞跃，开拓新路径，引领新方向，自20世纪70年代初开始，至今已经历50年。从课题建立，到研究实施，由浅入深，石学敏带领几代科研人员，不辍前行，以青春灌溉梦想，1993年建立了老年病研究室，研究室创立针灸实验室、免疫学实验室、形态学实验室、分子生物学实验室，2002年成立了天津市针灸研究所，为针灸临床和基础研究结合提供了重要的科研平台，提升了医院针灸学科的科研水平和总体实力。

天津中医学院第一附属医院针灸科老年病研究室

石学敏认为应正确处理好传承与创新的关系，没有深厚的古典医籍研究，就没有理论上的源头创新。古典医籍为后来者留下了完备的医学基础理论，在与疾病的漫长斗争中，其对疾病认识细致深刻，其中不乏对疑难病、罕见病的理解，是中华文化宝库的精髓。现代医者需充分结合临床实践，挖掘其临床价值，诠释其理论内涵。

石学敏对《灵枢·经脉》篇"是动病""所生病"的临床病候和证治分析，便是经典医籍临床应用的范例。《灵枢·经脉》篇在详细论述十二经循行的基础上，以"是动""所生"为例，有规律地反映了每一经脉的病理变化及病候，作为奠基理论屹立在祖国医学之林，但其玄冥幽微之处甚多，难以实践应用。

医之大家，妙悟岐黄，谙熟医理，治贵达变。石学敏结合大量临证经验，总结了"是动病"多为实证、急性病，"所生病"多为里证、虚证的观点，探讨了十二经病候中"瞀""臂厥""骨厥""踝厥""阳厥""消渴"等病候概念，并逐一将十二经病候在临床中验证，归纳了每一病候的临床表现、治则、处方配穴及操作规范，在针灸治疗学中具

1999 年石学敏当选中国工程院院士

有重要的理论价值和指导意义。

中国特色，中风单元

学必本于经，病必明于论，治必究于方。

针灸属于生命科学，是人类防治疾病的一种手段，其应用首先体现在治疗疾病上。医学科研创新从临床需求出发，其目的是让科研成果更好地指导服务临床，进一步提升完善诊疗方案。

"醒脑开窍针刺法"的疗效已被业界及患者广泛认同，石学敏根据中医经典理论，整合临床研究和现代药理研究成果，逐步形成以"醒脑开窍针刺法"、丹芪偏瘫胶囊为核心，以康复训练、饮食、心理、健康教育等多学科疗法相配合的脑卒中综合治疗体系——"石氏中风单元"。

卒中单元（Stroke Unit），起源于半个世纪前的欧洲，1950 年北爱尔兰医生 Adams 报道了有组织的卒中服务模式，即在老年病房组建卒中康复组，收获了良好疗效。到 20 世纪 70 年代，美国学界开始对卒中单元发生了浓厚的兴趣，开始筹备组建和加强卒中单元。直至 1990 年，美国发表了第一篇有关卒中单元的系统综述，并首次将目光从急性期的监护治疗聚焦到卒中早期康复治疗。半个世纪以来，卒中治疗最明显的进步不在于发明新药物、新疗法，而是着重关注卒中患者的治疗全过程。卒中治疗中高效的组织与管理，对卒中治疗和康复有明显作用，随着循证医学的推广和普及，卒中单元在临床实践中的价值愈加彰显。

卒中单元是多元医疗和循证医学的具体体现，是对卒中患者融抢救、治疗、康复、预防于一体的科学管理和综合治疗体系。其要求多学科及时、合理、确切、规范、密切配合，包括对卒中病人提供药物治疗、肢体康复、语言训练、心理康复和健康教育、预防指导等，卒中单元的核心工作人员包括临床医生、专业护士、康复治疗师等，并把患者的功能预后、患者家属的满意度作为主要临床目标，充分体现以人为本的医疗服务理念，为脑卒中全面的治疗、康复奠定良好的基础。

医不执方，而医必有方。

针灸、中药在脑卒中治疗中疗效确切，在卒中康复医疗中起重要作用。而国内外卒中单元的设立，并未涵盖针灸、中药、推拿、药浴等传统医学手段，削弱了卒中单元的有效性、完整性。

"石氏中风单元"在"卒中单元"概念基础上，进一步凸显中国特色、中医特色，以患者恢复最佳功能、减少并发症、防止卒中复发以及提高患者和家属满意度为目标。"石氏中风单元"由多学科共同组成，实现跨学科的交叉合作，包括天津中医学院第一附属医院急症部、针灸部、脑外科、介入中心、心身中心、康复科、放射科、CT室、MRI室、功能检查科、检验科、护理部、营养科等。以"醒脑开窍针刺法"为主体，将针灸、中药、现代医学药物治疗、康复治疗、心理治疗、预防保健、膳食营养等各疗法优势有机整合，形成了一套以中医针灸为特色的系统化、科学化、全方位中风综合治疗体系。

"石氏中风单元"在针刺处方方面，以调督脉、通阴维、补肾阳、入脑达巅、生髓醒脑、滋水熄风、补泻兼施的"醒脑开窍针刺法"为主，根据患者个体化症状，制定个性化诊疗方案，根据临床表现除主穴处方外，辅以不同配穴，且均具有严格量学操作规范。另外根据病情特点可配合头皮针、耳针等其他针刺疗法，或以药浴治疗等中医辅助治疗。

中药治疗方面，突出审证求因、治病求本、病证结合的中医诊疗特色。依据多年临证经验，石学敏以益气固本培元为法，活血化瘀通络、

1999年天津中医学院第一附属医院针灸学科团队祝贺石学敏（第二排左六）当选中国工程院院士

熄风豁痰开窍并重，采用补益正气、活血化瘀之药为君，辅以开窍醒神之品，以益气活血，苏醒神志，研制了Ⅲ类新药丹芪偏瘫胶囊，有效改善中风后神志障碍、肢体运动障碍两大类症状。此外还可配以脑血栓片、醒脑治瘫胶囊、化瘀通脉汤剂、扶正合剂、益肾养肝口服液、脑血栓丸、中风丸、针灸外洗液等院内制剂，标本兼治，增进患者康复疗效。

在康复治疗方面，以早期化、个体化、家庭化的全面功能康复指导为特点，包括良性肢位摆放、关节被动运动、语言功能训练、吞咽训练、日常生活能力训练、步行训练等，并配合推拿手法治疗，避免或减少后期痉挛、失用性综合征的发生，并针对患者家庭成员进行培训，多方位促进患者恢复功能。

心理治疗是"石氏中风单元"的重要组成部分。患者面对卒中风暴，极易出现抑郁、焦虑等心理问题，其心理变化一般会经历震惊期、否定

期、抑郁期、对抗独立期、适应期等5个时期。针对中风患者不同时期的心理特点，石学敏针灸医护团队的人文关怀贯彻中风单元治疗始终。

脑卒中的发生与吸烟、饮酒及高钠、高糖饮食等不良习惯有关，改善病患饮食结构，制定科学合理的营养方案，对于康复尤为重要，特别是吞咽障碍的患者，更需要专业膳食营养意见，故而"石氏中风单元"融入了中医养生膳食指导内容，以促进患者机体康复。

脑卒中具有复发率高的特点，所以必须将脑卒中的预防放在显要位置。"石氏中风单元"系统的三级预防方案，有效解决了中风预防问题，其中包括对中风的早期识别、危险因素的防控等，有效提高患者及家属的中风健康管理意识。

"石氏中风单元"将针灸、中药、现代医学药物治疗、康复治疗、心理治疗、预防保健、膳食营养等康复治疗手段整合，相得益彰，形成了具有中医特色的多学科、立体化的脑卒中综合治疗康复体系，充分发挥中医针灸特色，丰富了卒中单元内涵，收获了良好疗效，也造福了万千中风患者。"石氏中风单元"成果于2003年被国家中医药管理局确立为推广项目。

医以济世，术贵乎精。石学敏在中医针灸学术方面的建树是全方位的：他创立的"醒脑开窍针刺法"治疗中风病取得显著疗效，并从组织、细胞、分子基因等多层次、多角度揭示了针刺作用主要机制；率先提出针刺手法量学理论，使传统针刺手法向规范化、剂量化、标准化发展；提出治疗中风病的"石氏中风单元"，开发研制了丹芪偏瘫胶囊治疗中风病，对中风病的治疗形成立体化系列疗法，显著提高了中风病的临床疗效。

石学敏先后当选中国工程院院士、国医大师，并被收入《中国当代科技发明家大辞典》《中国当代针灸专家海外经验集》等名人录。

石学敏主持省部级及以上课题17项，历年来获省部级及以上科研奖励33项、教学奖2项。石学敏笔耕不辍，出版著作50余部，由其任主编的《中医纲目》，偕数百位专家将丰富的临床经验诉诸笔端，查阅大量医典文献，选材至博、抉择至精，上溯远古、下至当代，聚古今名医神验于一堂，包括针灸、内科、外科、妇科、儿科、五官科、推拿科及养生康复内容，一千万言全面系统地介绍了各种疾病的诊疗知识；由石学敏任"针灸卷"主编的《中华医学百科全书》，是由40多位院士共同发起，于2018年由温家宝、李克强、刘延东等党和国家领导人批示的国家重点出版工程，是当代中国"盛世修典"的重要工程，共分6类142卷，总字数约1.5亿；由人民卫生出版社出版的中医药"走出去"系列书目中的《石学敏针灸学》英文版、法文版、西班牙文版的出版，也促进了针灸学的国际化发展及传播。

石学敏是当之无愧的现代针灸学奠基人，深耕杏林六十载，厚植家

2012年石学敏（前排左六）与天津中医药大学第一附属医院针灸学科团队合影

国情怀，以一根银针治病救人，为无数中风病患者带来康复的曙光。他是严师，立德树人、传道解惑，将所学倾囊相授，为针灸事业造就了医德高尚、医术精湛的未来力量。他以过人的胆识、踏实严谨的工作作风，赓续不断，践行初心使命，使天津中医药大学第一附属医院针灸学科发展成为国内最大的针灸医疗教学科研基地，形成了"世界针灸看中国、中国针灸看天津"的标志性成果，使针灸成为中华文明走向国际的名片，傲立于世界医学之林。

第六章

神针以济世

行稳方致远

石学敏在欧洲学术交流期间留影

针灸外交，饮誉全球

在瑞士日内瓦，优美恬静的日内瓦湖与巍峨高耸的阿尔卑斯山遥遥相望，2017年1月，这里迎来了一位贵客——中国国家主席习近平，前来访问世界卫生组织总部，习近平和世界卫生组织总干事陈冯富珍共同出席了中国向世界卫生组织赠送针灸铜人雕塑的仪式，并亲手为针灸铜人揭幕。

此次中国向世卫组织赠送的针灸铜人本身也极具故事性。它的原型诞生于1000多年前的北宋天圣年间，当时的北宋先贤王惟一编著了《铜人腧穴针灸图经》，制定了世界上第一个针灸国家文字标准，并铸造了两尊铜人，称为"天圣铜人"。

"天圣铜人"身高和青年男子相仿，呈自然站立状，头束圆髻，面庞圆润，眉形修长，大耳下垂，双臂置于两侧，掌心向内，腰下佩以丝绦，双腿分开站立，忠厚儒雅之感浑然天成。"天圣铜人"设计极具巧思，既可作为针灸教学工具，又可作为针灸考试模型，身上以黑漆点出674个穴位，又以细线为经脉将穴位串联。使用前将铜人内部注入水银，外表涂抹黄蜡，如穴位选取精确，银针刺入后则水银流出，如取穴有误则银针滞涩难以刺入。无论是医学价值还是制造工艺，"天圣铜人"都堪称世界瑰宝，它也成为针灸著名标识之一。

执此为礼，寓意深刻。

针灸以简便廉验、疗效确切且无毒副作用的优势，受到国际社会的广泛关注，为全人类卫生健康事业贡献了中国智慧。据不完全统计，目前世界上有183个国家和地区运用针灸治疗疾病，59个国家和地区立法承认针灸，国外中医医疗（针灸）机构达10万余家，针灸从业者已超过50万人，接受过中医药、针灸、推拿或气功治疗的人数占世界总人口的1/3以上，中医针灸已成为世界上广泛应用的替代医学疗法。

随着我国对外交流步伐日益加快，以天人合一、取法自然为特色的针灸，作为中华文化名片，彰显了中华文明的独特魅力。

1998年5月，在日内瓦召开的第51届世界卫生大会上，与会代表审议认为，"21世纪人人享有卫生保健战略"应成为未来世卫组织制定卫生保健政策的基础。今天的医疗费用恶性膨胀，促使世人对现代医学模式进行反思，当代医学模式亟待转变——从以治疗疾病为中心逐步向以健康养生为中心更迭，医学目的也从对抗疾病和死亡转化为对抗早死、促进健康、提高生命质量。

针灸在实践中不断获得的疗效充分证明了其科学性和有效性，一根根银针为当代诸多医学难题提供了"中国处方"，也将为人类健康事业和世界医学发展作出卓越贡献。

早在6世纪，针灸学被传到朝鲜半岛、日本等地。562年，北周（一说梁元帝）赠日本钦明天皇《针经》，同年吴人知聪携《明堂图》《针灸甲乙经》等医书赴日，其后日本多次派人来中国学医。693年，朝鲜半岛的新罗王朝设置医学博士，开设医学堂；702年日本颁布大宝

石学敏在欧洲学术交流期间留影

律令，仿唐朝的医学教育制度，开始设置针灸专业，至今日本还开设针灸学院，针灸作为传统医学的重要组成部分一直流传至今。随着中外文化交流的发展，针灸也被传到东南亚和印度大陆，6世纪华佗治病方术由南朝宋云介绍给印度北部的乌场国；14世纪针灸师邹庚到越南为诸侯治病。17世纪针灸传播到欧洲，法国成为欧洲传播针灸学术的主要国家。1671年，法国人哈尔文（R.P.Harvieu）翻译并出版了《中医秘典》（*Lessecrets de La medecine des chinois consistaut en La Parfaite connaissance dn ponls*），针灸开始用于临床，其后针灸从业者在法国、德国、英国及美国等欧美国家逐渐增多。

在新中国外交战略指引下，针灸同大熊猫、乒乓球一道成为中国外交符号之一。新中国的"针灸外交"从援非起步，20世纪70年代尼克松访华后引发了美国针灸热潮。随着针灸学术的对外交流和传播进一步扩大，纤纤银针在世界舞台的影响日益显现，德国、英国等相继兴起了

石学敏在欧洲学术交流期间留影

针灸热，英国政要推崇针灸等传统疗法，2010年联合国教科文组织将中医针灸列入《世界人类非物质文化遗产名录》，越来越多的外国人接受中医针灸，视其为传统医学的瑰宝。

石学敏有个独特的称号——针灸外交家，他曾多次因"针灸外交"受到卫生部、外交部的表彰嘉奖。如果说"针灸外交"是一幅以中华文化为底色的历史长卷，那么石学敏就是这幅丹青中浓墨重彩的一笔。

1968年，石学敏赴非洲阿尔及利亚进行医疗援助，他精湛的针灸技术就被誉为"中国魔法"，风靡北非，这是石学敏针灸外交的起点。20世纪80年代伊始，石学敏初步尝试与日本、德国等国家开展学术合作交流。随着改革开放进程的深入，国内外交流互鉴进一步加深，石学敏带领天津中医药大学第一附属医院针灸学科先后与美国、德国、法国、日本、韩国、瑞士、南斯拉夫、墨西哥、加拿大、罗马尼亚、俄罗斯、新西兰等60个国家和地区开展了不同形式的医疗合作和技术交流，受到当地医学界和患者的极高评价；先后派出了1000多人次的专家学者赴17个地区进行深度合作，提升了针灸的国际影响。

远望星辰，广博闻以强学识；归来桑梓，聚合力再兴伟业。

石学敏使海外针灸学界聚焦天津，他每次出访国外后总有一些专家、患者追随而来，使天津中医药大学第一附属医院成为针灸的"精确坐标"。

为满足外籍病患就医需求，天津中医一附院 20 世纪 90 年代筹建新院舍时，设计建造了集抢救、复苏、治疗、康复于一体的外宾病房。多年来，天津中医药大学第一附属医院接收了 91 个国家

石学敏（右）在俄罗斯学术交流期间为患者针灸治疗

和地区的留学生、高级进修生 13000 人次，连续主办"中国·天津国际针灸学术研讨会" 15 次。

"针灸外交家"石学敏以"走出去""引进来"的战略格局，双向发力，赋予天津中医药大学第一附属医院针灸学科充沛的发展动能，培养了一批国际化针灸人才，打造了天津针灸鲜明的"国际范"。

石学敏以丹心践医者精诚，以毫针立广博世界，他曾短短 28 天出访 7 个国家。石学敏执针灸这一名片，向世界展现了中华民族儒雅亲厚、博学深邃、精勤赤诚、仁爱无疆的文化特质。他手中的银针如同一颗颗种子在全球不同文化背景的土壤中落地生根、蓬勃生长、枝繁叶茂。

东瀛卷起"石氏旋风"

关于汉方医学，已故日本近畿大学教授久保道德先生在《疾病与汉方临床》中这样写道："奈良时代由中国传入，将中国医疗方法加以继承发展改变为日本的治疗方法，逐渐形成现在的汉方医学。"

日本文化受中华文化的熏陶影响，汉方的发展亦是在中日文化的不断交流中孕育生长。汉方是日本化的中国传统医学，与中医学分属同源，

早期国际合作交流中石学敏（第二排左一）与日本访学团合影留念

针灸疗法因其确切的疗效备受日本民众青睐。

　　早在5世纪时，朝鲜使者用中医疗法治愈日本天皇顽疾，使日本认识到中国医学的价值。562年，吴人知聪携《明堂图》《针灸甲乙经》等书来到日本，传播中医药文化，这些书被日本奉为医生必读。待到鉴真大师东渡日本，向日本传授经络腧穴理论，介绍针灸疗法，为针灸在日本的发展奠定了深厚基础。

　　世事沉浮，针灸在日本受到有别于中国的人文因素、自然环境等多重因素的影响，几经沧桑逐步发展成为具有日本特色的独立医学体系。20世纪70年代，针刺麻醉的热潮引起了日本科研人员的关注，并进行了初步探索，通过动物实验研究针灸对机体免疫、体温、血压等生理功能的影响。80年代，日本创立了第一所从事针灸医学教育的高等院校——明治针灸大学。

20世纪80年代起，石学敏10余次东渡日本进行学术交流，先后与后藤学园、早稻田针灸专门学校、筑波大学、北里大学、京都大学开展科研合作。

石学敏（右）在日本授课时留影

在与日本筑波大学的一次交流中，筑波大学方面提出这样一个试验设想：是否能够证实通过针刺引起人体生理机能的变化。石学敏没有片刻迟疑，斩钉截铁地说："没有问题，可以做到。我针刺合谷穴，甲状腺部位温度会升高，针刺内关穴，甲状腺部位温度降低。"石学敏接着说："但是我要求一个条件，受试对象需要是一名健康的大学男教师。"

石学敏之所以提出这个条件，一是因为整个试验长达8小时，为避免进食产生热量影响试验结果，试验过程中只能饮水，不能进食，故必须选择一名健康人受试；二是接受过高等教育的男教师不易受情绪干扰，可保证试验的严谨性。日本方面很快准备妥当，请石学敏开始针刺。在试验进行的8小时中，以红外线体温仪每30秒钟报告并记录一次受试者体温变化。

时间一分一秒地过去，石学敏的同事神色凝重，头上满是豆大的汗珠，怯生生地说："院长，这个试验在国内还没开展过，头一次就在日本实施，这能成功吗？"

石学敏见状，开玩笑道："你看你比我还紧张，你这样的同志就没法做这个试验的受试者。"

日本媒体对石学敏及"醒脑开窍针刺法"的报道

最终结果出炉，令在场所有的人惊奇万分，结果与石学敏所言完全一致，红外线体温仪测试显示，针刺合谷穴时甲状腺部位温度升高，针刺内关穴时温度降低。

石学敏精巧的针灸手法让日本业界惊叹不已，当地报刊、电视媒体争相报道，刊登了石学敏演讲和针灸演示的巨幅照片，称在东瀛刮起了"石氏旋风"。一份权威的医学杂志曾有一段充满感情色彩的评论："石学敏教授的针刺手法乍看粗放大胆，却蕴藏着轻柔而有节奏的韵律，漂亮得如飞翔在天际的九天神鸟——凤凰的姿态。"

后来在与加拿大的学术交流中石学敏也做了同样的验证，在场学者无不赞叹针灸之博大精深。对此石学敏这样说："针灸是科学，科学都是可重复的，经得起推敲。"

20世纪80年代，日本大约有6万人从事针灸职业，但针灸师不具有医师的处方权，针灸发展也不尽如人意。

名古屋的牧田是当地一名针灸师，技术平平，他的诊所鲜有病人求医，诊所附近有一家茶寮，牧田时常在那里打发时光，如有零星病人到访，要去茶寮寻他，再回到诊所治疗。但牧田看到石学敏在日本的报道后激动不已，重拾从事针灸的信心。他从名古屋来到位于东京的东洋大学聆听"醒脑开窍针刺法"的学术报告，顿时豁然开朗，当即决定前往天津拜访石学敏，进修针灸理论技术。再后来，牧田诚挚邀请石学敏到名古屋讲学，石学敏应邀前往并留下了他的学生张慧勇支持诊所发展，牧田的诊所门前以日文醒目标注了"醒脑开窍"的字样，而后诊所运营大有起色，从无人问津到门庭若市仅用了不到一年时间，并逐步扩大规模，几年内又扩张了4家诊所。

石学敏说："我到哪里去，不能光是输出，我要广交朋友，要争取看到人家的好东西，我的原则是你有的，我也可以有，我没有的，用钱来买。"

石学敏在讲学期间，还对日本医院建设做了多方面考察，从医院管理到设备引进，再到医疗技术，都进行了深入的研究。将先进的仪器技术引入天津中医学院第一附属医院，从而促进医院发展。

在海外讲学时，石学敏一直是风度翩翩、谈笑风生，但涉及原则问题时他的态度也很坚决。尤其是在讨论国际合作时，他从不支持"双标"，外国专家学者是怎样的薪酬待遇，中国的专家就必须同等对待，这是丝毫不能让步的，也是他不容更改的"死规定"。为开展科研合作，

石学敏（左）在日本竹田治疗院与学生合影

石学敏不断派出科研人员赴日本交流学习，这些科研人员的薪酬都是由日方承担的。他曾说："这是关乎国格和尊严的问题，不能因为我们国家经济还没有达到发达国家水平，就自觉低人一等，这个原则不能变。"在他的倡导下，天津中医药大学第一附属医院率先在国内引进了日本自然快速老化模型小鼠（SAM）4个品系，为抗衰研究奠定了基础。

石学敏出版了《脑血管病针刺——醒脑开窍法》《实用针灸学》等日文专著，《实用针灸学》被日本明治针灸大学采用为针灸教材。日本明治针灸大学曾经派人询问石学敏关于著作权和稿酬的问题，石学敏感谢他们的好意，说道："一门学问，不属于某个人，把知识传播出去，将行之有效的医疗技术推广出去惠及更多的患者，这是我愿意看到的。"

山本胜司在其主编的权威期刊《中医杂志》上刊载的《针刺麻醉以来的冲击》一文中给予石学敏极高评价："如果说针刺麻醉作为针灸治疗的第一阶段，那么石学敏的醒脑开窍法可以说开启了针灸学另一个崭新的阶段，这种疗效及传播具有划时代的意义。"

缅甸避险，再获殊荣

1987年，缅甸首都刚刚下过一场雨，使得缅甸某政府官邸更加潮湿闷热，刚刚发生的几句龃龉，让屋内的气氛显得愈发沉重压抑。

"这位长官，非常感谢您的好意，中国政府派我们来不是游山玩水的，工作没完成我不做与工作不相关的事，这是我的规矩，请您见谅。"说话的正是石学敏。他受中国外交部、卫生部委派，专程为缅甸政府官员诊治中风后吞咽困难问题。

原本缅甸政府安排石学敏及同行的几位医生，翌日前往缅甸南部游览，行程、航班都已预订妥当。但是随石学敏出访过的人都知道，他有个不成文的规矩,患者问题没得到彻底解决他从不参加提供的休闲活动。

站在一旁的翻译很为难,看看面色不佳的石学敏,悄声地问:"石院长,就按您原话翻译吗?"

"对!就这么译!"石学敏坚定地说。

与石学敏商讨此事的是位缅甸女官员,她无奈地摇摇头:"那就请您注意劳逸结合,继续医疗任务吧。"

石学敏此行的主要目的是为一位缅甸政要诊治,他因脑血管病卧床多年,肢体运动障碍、吞咽困难,靠鼻饲注入流食供给营养,也曾遍邀欧美专家诊治,但未有良效。听闻中国针灸疗法对此病治疗效果显著,于是通过中国外交部邀请石学敏为他诊治。

石学敏审视病情后,立法拟方,连续针刺治疗5次,患者情况较前大为好转,几日内吞咽功能恢复,竟能撤掉胃管,开始自主进食,也能在家人搀扶下行走,这让这位缅甸政要啧啧称奇。

在缅甸国务会议上,该政要以亲身经历,大赞中医针灸的神奇疗效。当地官方媒体也纷纷报道此事,赫然写道"中国医术轰动首都"。于是驻缅的各国使节、当地居民,闻讯后纷纷涌向中国大使馆向"中国神医"求助。

中国驻缅甸大使馆还特别组织了一场"针灸招待会",会上石学敏向缅甸人民简要介绍了中国针灸

1987 年石学敏(左)应邀赴缅甸涉外医疗时留影

石学敏（左二）与国际友人合影

疗法，宣布将会在中国驻缅大使馆开设门诊，以便为当地患者服务。从那以后，石学敏在缅的医疗工作更加辛苦，每天连续十几个小时才能完成诊疗。

正是因此，才出现了之前的那幕，缅甸政府的官员考虑石学敏一行在缅工作十分辛苦，为缅甸群众提供了莫大的帮助，便想让石学敏暂且停诊休息几日，并安排了领略缅甸风光的行程，万万没想到被石学敏严词拒绝了。

转天，石学敏照例在中国驻缅大使馆出诊，一位身着紫色斜襟长袖衫的缅甸女人气喘吁吁地跑进来。石学敏抬头观望，正是昨日在府邸与他沟通的缅甸女官员。

"石医生，您真是中国神医，有先知的能力，您知道吗？原本为您预订的航班发生了空难，多亏您昨天拒绝了行程，不然我们怎么向中国政府交代呢？"

原来这一天发生了空难，失事的正是为石学敏预订的航班，飞机将要降落的时候，不幸撞上离目的地不远的一座山峰，机上乘客全部罹难。与石学敏同行来缅的医生心有余悸，若不是石院长的"固执"，他们也在劫难逃。虽是幸运，但也得益于石学敏多年出访事事讲原则，谨其言、慎其行。石学敏圆满完成在缅任务回国后，因在缅甸的出色表现，外交部、卫生部联合对石学敏的"针灸外交"做出了表彰。

虽然在缅甸及其他很多东南亚国家，针灸疗法原本不受重视，但随着石学敏讲学示范，展现了针灸独特的魅力，使民众重新认识了针灸，也引起了多国卫生部门的重视。

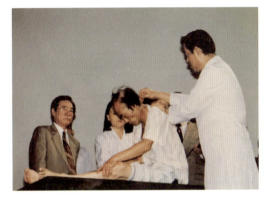

石学敏（右）在韩国学术交流期间现场演示针灸疗法

在中韩建交之前，石学敏就曾两次到访韩国讲学，在报告过程中现场演示针灸操作，治疗了一位久治难愈的中风患者，此事引发韩国当地对针灸的追捧。韩国针灸师协会申泰镐院长在回忆这件事时这样说："石学敏教授两次到我国讲学示范均引起轰动。针灸在我国原来并不被重视，这一来，重新引起大家的兴趣。石教授创立的'醒脑开窍针刺法'

1989 年石学敏（右）在韩医大学学术交流

为世界、为人类创造了巨大价值和贡献。"

塞纳河畔，妙手神针

Si vous avez eu la chance d'avoir vécu à Paris lorsque vous étiez un jeune homme, alors, où que vous alliez pour le reste de votre vie, elle reste avec vous, Paris est une fête.

如果你年轻时有幸停留巴黎，那么你的余生无论去往哪里，巴黎永远会与你在一起，因为它是一席流动的盛宴。

——海明威

巴黎是一场流动的盛宴，一座灵感之城，维克多·雨果、克劳德·莫奈、罗曼·罗兰等无数名流在此驻足，历史文化、思想艺术不断碰撞，高潮迭起。静静流淌的塞纳河如碧绿的绸带穿过巴黎城区，塞纳河左岸的埃菲尔铁塔矗立在战神广场，映衬着远方巴特蒙马特区的圣心大教堂，对望着这座城市的浪漫与静谧。

曾有人评论巴黎人嗜旧如命，的确，他们尊重历史，热爱历史，巴黎的街道如一本敞开的历史读物，徜徉其中，偶遇一块石碑，轻描淡写地诉说着在此发生的某个波澜壮阔的历史时刻、先哲足迹或名噪一时的浪漫爱情。

巴黎的街道或以历史人物命名，或因法国著名战役得名，乔治五世大街便是后者。这条街原来被称为阿尔马大街，1918年，因英国国王乔治五世在第一次世界大战中与法国结盟战胜了德国，而后这条街更名为乔治五世大街。

乔治五世大街位于巴黎最为繁华的闹市中心，与游客如织的香榭丽舍大街、蒙田大道仅咫尺之遥，沿街林立着世界著名的精品商店，也可

2011 年石学敏在中国驻法国大使馆进行健康知识讲座

以找到各具特色的咖啡馆。乔治五世大街 11 号曾是法国的糖业大王勒伯第的私宅。1936 年，国民政府驻法大使顾维钧先生以 500 万法郎的价格买下这幢楼房，从此乔治五世大街 11 号便成为中国驻法国使馆的馆址。

这座 20 世纪初兴建的大楼，既保持了法国的古典建筑风格，又加以中国艺术品点缀，中西合璧，富丽堂皇又不失典雅，如果几经沧桑的墙壁会说话，想必会讲出很多跌宕起伏的故事。

1964 年 1 月 27 日，中法两国政府发表联合公报，宣布正式建立大使级外交关系。新中国驻法国使馆临时代办随后抵达巴黎，合法接收了这栋房产。从此，这座历史悠久的法式建筑高悬起五星红旗，成为中华人民共和国驻法兰西共和国大使馆的所在地。

2011 年 8 月，使馆古朴典雅的宴会厅内，座无虚席，掌声涌动，刚刚结束讲座的石学敏站起身，向驻法大使、使馆各部门工作人员和随行家属挥手致谢。

刘豫锡公参拿起话筒："我们再次感谢，在法访问的中国工程院院士、天津中医药大学第一附属医院名誉院长石学敏教授和他的学生杜宇征教授来到使馆，为我们举办针灸健康知识讲座。希望大家遵照石院士开具的健康处方，注意饮食起居，坚持体育锻炼，保持乐观开朗的心情。"

掌声再次想起，大厅两侧记者们的"长枪短炮"聚焦在讲台正中，快门按动声不绝于耳。石学敏蜚声海外，得知针灸院士来使馆讲座的消息，馆员们从各办公地点汇聚使馆本部。石学敏结合驻法人员健康情况，围绕心脑血管疾病防治开展针灸防病知识讲座，还进行了指针穴位按摩的现场指导。听众们聚精会神，馆员们还做了详细的笔记。

2011年石学敏（左）和学生杜宇征（右）受中国外交部、卫生部委派为法国爱国侨领诊治疾病期间留影

这次与石学敏同行的还有他的学生杜宇征，他坐在一旁，见石学敏还在详细地回答使馆人员的健康问题，便放下手中的资料，看了下表，随即站起身来，走到石学敏跟前："老师，您今天晚上的回国航班，现在距离登机不到6个小时，下次有机会再讲解吧。您到旁边的屋子休整一下，再过一会儿该

准备送您去机场了。"

"我们来巴黎不容易，我们的同胞在巴黎有机会了解针灸、认识针灸也不容易，只有我们在法国的工作人员明白了针灸，针灸在法国的根基才扎得深。"

石学敏接过学生递来的水杯，喝了一口，接着说："我回国后，你可以来一个巴黎'深度游'，把陈侨领的病彻底解决，还有调研一下法国针灸行业发展情况。"

此次法国之行是石学敏应外交部、卫生部、国家中医药管理局委派，专程赴法国巴黎为著名爱国侨领陈先生诊治脑血管病。陈先生罹患脑血管病多次，导致双侧肢体不遂，言语謇涩，声音嘶哑，饮食水咳呛，不能独立站立及行走，营养状态也极为不佳，反复肺部感染至胸腔积液、心肺功能不全，病情显得有些棘手。

石学敏抵达巴黎后，根据陈侨领的病情制定了治疗方案，并指导康复训练。经过几日治疗后，患者吞咽功能大为改善，饮水咳呛、语言困难得到明显改善，可进食稀粥等食物，在家人不辅助情况下已能独立行走 50 米。自患病后陈先生情绪低落，已经一年多未出房间，本次康复效果明显，陈先生也开朗起来，开始愿意与人交流。

石学敏一直有晨间锻炼的习惯。这一日清晨，空气中弥漫着露水的清澈芳香，阳光肆意洒落，透过梧桐叶片的缝隙，斑驳的树影散落在如茵的草地上，洁白的鸽子三两成群，在街区的广场上觅食，学生杜宇征正陪着他在街边散步，石学敏还用法语饶有兴致地读着路牌："L'avenue Trudaine, dans le IXe。"

"老师，您从阿尔及利亚回国四十几年了，法语还这么好。"杜宇征在旁听着老师念法文，感慨地说。

"跟咱们的针一样，还是靠练习，手脑协调就不容易忘。"

"老师您说起针，我一直有个问题想请教您，您运针的手法跟别人总是不一样，这两天又仔细观察，原来是非常流畅的复式手法，但是具体怎么操作，我没琢磨透。"

杜宇征拿出随身带的钢笔，对着自己上臂的内关穴，模拟着老师施针时的动作。

石学敏示意杜宇征在旁边的长椅坐下，拿过学生手中的钢笔，也坐了下来，玩笑道："我今天把这个教给你，晚上你得请我吃个法国大餐吧！"说着接过学生手里的钢笔，以拇指、食指、中指共同配合，带动这支有些许重量的钢笔模拟提插捻转，时而如蜻蜓点水清雅飘逸，时而如沉鱼吞饵重着狠辣，动作行云流水、一气呵成，如果不是定睛观瞧，很难分辨是交替而成的复式手法。

石学敏在法为陈侨领治疗了7日，因要参加一个重要的学术会议需要提前回国，考虑到陈侨领的病情仍需要巩固治疗，便将学生杜宇征留在了巴黎，也就是石学敏说的"巴黎深度游"。老师的意图一是将患者的病治彻底，二是为了学科对外交流发展，调研法国针灸行业情况，这是石学敏的计划，也是他们师生的默契。石学敏回国前叮嘱学生："宇征，虽然患者错过了最佳治疗时期，但针刺效果还是不错的，这样的病例你见得不少，放开手脚去治，没有问题。另外陈先生儿子跟我们之前谈的与法国医疗机构合作的事，再详细谈谈，回国咱们再决定。"

"老师您放心，您的想法我明白了，路途遥远，祝您一路平安。"

经过近一个月的系统诊治，陈侨领的病大为好转，不仅吞咽困难的问题解决了，也可以下地行走了，看起来精神了许多，心情也好了起来。为了表达了对石学敏院士、杜宇征教授的感激，陈侨领之子、法国巴黎

石学敏在法国巴黎学术交流期间在凯旋门前留影

十三区区长小陈先生当即决定，通过法国医疗管理局邀请天津中医药大学第一附属医院与法国当地的医疗机构合作，共同研究推广针灸疗法，以法国为原点，将针灸疗法推向欧洲。

这并不是石学敏第一次巴黎之行，在20世纪90年代，他就多次造访法国进行学术交流。在初期交流中，难免碰到一些质疑。中医学的理论和表达融入了广博精深的中国传统文化，因语言文化背景的不同令人难以理解，也曾被误解成伪科学。针灸以直观的疗效作为载体，便于国际友人理解，从感性认知到理性认同，最终升华为欣赏和赞叹。

1990年，石学敏应邀到巴黎讲学，讲座的内容涉及西方学界眼中最为奇绝的针灸技法——针刺麻醉。

针刺麻醉是指用手法操作或电针刺激某一穴位或某些穴位，以达到镇痛目的，配合少量麻醉药物甚至在不使用麻醉药物的情况下达到麻醉的效果。

1958年，上海市第一人民医院耳鼻喉科在扁桃体摘除术中应用针刺麻醉并取得满意效果。随后在陕西、湖北等多个省市推广应用，可实施针刺麻醉的手术术式达90余种。1972年美国总统尼克松访华时提出参观针刺麻醉下肺切除术手术过程，之后对针麻技术惊叹不已，很快以针刺麻醉为中心在美国形成了针灸热潮。1985 年美国国立医学图书馆把《针刺研究》中发表的文章收入其编辑出版的《医学索引》（*Index Medicus*）中，引起了医学界对针灸的高度关注。

这一天上午，石学敏在法国的报告刚刚结束，法方代表找到石学敏，请求他暂停当日的学术报告，为一名意大利籍的年轻姑娘会诊。患者是一位 22 岁的年轻姑娘，在巴黎旅行途中不幸遭遇车祸，当时伤情严重，经过 3 个月的奋力抢救，转危为安，但因对麻醉药物过敏，无法进行股骨颈修复术，手术日期若再拖延，日后将无法正常行走。

恰巧石学敏来法讲学，法国医学界对针刺麻醉早有耳闻，同时也迫于该患者对麻醉药物过敏，再无良计可施，想借此机会目睹针刺麻醉是否真正可行。于是当天法方专家早早等候在会场，邀请石学敏以针刺麻醉技术协助他们完成意大利女孩的股骨颈修复术。

面对这突如其来的难题，同行的助手面露难色，石学敏却淡定自若，他询问女孩的主治医师："这位患者现在什么情况，恢复得如何，身体状态是否能承受手术？"

女孩的主治医师回答："患者一般状况恢复良好，照目前情况看，身体条件完全能承受这次手术。"

石学敏对法方专家说："在报告结束之前，我就讲过，学术报告后可以互相讨论，提出质疑，我在报告中谈到的技术都是有把握、有迹可循的，经过事实考证和科学验证的，不是天方夜谭。我可以用针刺麻醉的方法协助你们完成手术。这样，你们定好时间，我准时到场。"

下午 3 时，石学敏和助手如约来到手术室。手术室里本次手术团队的主刀医生、护理人员都等待着石学敏，他们的眼神里透着些许质疑，手术室上方的观摩窗口，挤满了前来学习的青年医师。

石学敏进行准备工作，随即他对主刀医生说："请您准备，在我针刺后10分钟进行手术。"

石学敏开始遣穴组方，取水沟，双侧合谷、太冲，以5根银针刺入，并持续进行手法操作。

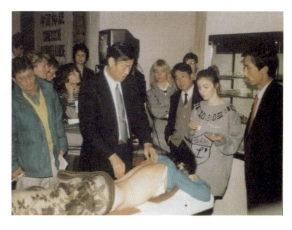

石学敏为欧洲学者现场演示针灸疗法

10分钟后，他对主刀医师说："您可以进行复位手术了，但提醒您一点，手术必须在20分钟内完成，如果20分钟后手术尚未结束，您得稍作休息，由我继续为她进行针刺后再继续。"

骨科医师将信将疑地开始手术，他惊讶地发现病人竟然没有丝毫痛感。主刀医生的技术同样精湛，10分钟后手术成功。在场的人们纷纷点头微笑，庆贺这位幸运的意大利女孩重获健康，针灸也再一次展示了其独特魅力。

离开巴黎后，石学敏又来到法国南部城市布鲁斯继续进行学术交流，首场报告的内容是针刺治疗支气管哮喘。

中医有句俗语：内不治喘，外不治癣。因喘、癣这两种疾病多半迁延，难得速功，历来是医家难题。石学敏在国外学术讲座往往选取临床难点问题进行阐述，他认为走出国门，没有一些真知灼见是行不通的。

报告刚要结束，会场里有位法国中年女性突发支气管哮喘，呼吸困难，憋得满面通红。于是当天的报告就多了一个"临床示教"环节，石学敏迅速选取5个穴位并施以适当的手法，10分钟后患者的哮鸣音止住了，呼吸逐渐恢复平顺，轻松地走出了会场。

在迈出国门的早期，石学敏多次面对国际医学界对针灸的质疑和误解，这使他深刻认识到，针灸走出去的真正关卡是不同文化背景、不同知识结构下的融入与认同。石学敏始终坚持，中医学一定要走科学化、规范化道路，以切实的疗效为载体，以实例证明其有效性，以科学的证据表达，中医学就不会被误解成伪科学。

1990 年底，石学敏受邀参加了在法国巴黎联合国教科文组织总部大楼举行的第二届国际针灸学术会议，石学敏被选为大会执行副主席，他以流利的英语介绍了他的研究成果《"醒脑开窍针刺法"与临床研究》，并与国际学者展开学术交流，他的报告引起了来自 40 个国家 800 余名与会代表的极大兴趣。

欧洲中医研究院的法籍专家称，在欧洲多年的医疗实践证实了针灸有跨国界、跨民族的力量。法国针灸学者米歇尔·德蒙博士在当地筹办了 3 个针灸诊所，当地居民很认同针灸疗法。谈到石学敏在法国的讲学盛况，他记忆犹新，激动地说："石教授的'醒脑开窍针刺法'是中国针灸学的又一次标志性进展，他对国际医学界的贡献是毋庸置疑的。"

狂欢节上，特邀嘉宾

莱茵河——歌德心中"上帝赐福之地"，河面波光旖旎，两岸古堡林立，深邃的河流承载着日耳曼民族恢宏的岁月痕迹，孕育了无数不朽的乐章。

美国记者雷斯通在美国《时代周刊》报道了其在北京亲历针灸及观摩针刺麻醉的体验，引起了德国医学界的广泛兴趣，使得针灸在德国广泛传播。1980 年 5 月，中德两国卫生部门签署了中德卫生合作协定，将包括针灸、中草药疗法等在内的传统中医学纳入中德卫生事业合作领域。在德国的柏林、汉堡、慕尼黑、波恩等大中型城市相继建立了中医、针灸门诊，并成立了德国针灸学会、中国自然疗法学会、中医学会等学会组织。

1984 年，由德国迪特玛·G. 库莫尔（Dietmar G. Kummer）教授与天津市卫生局、天津中医学院共同创办的德国库尔姆巴赫中国传统医学研究院在德国巴伐利亚州成立。研究院广场上空飘扬着五星红旗，研究院内部以条案、圈椅、屏风等中式家具装潢布置，尽显中华文化的底蕴，德国前外长根舍、联邦议会议长、卫生部部长、中国驻德大使等政要均致辞祝贺中国传统医学研究院成立。

这一年，石学敏应邀前往德国巴伐利亚州出席中国传统医学研究院为他举行的名誉副院长聘任仪式。同期，还进行了学术交流和专题讲座，周边国家、地区的针灸学者闻讯赶来，学术会议盛况空前，大大小小的

石学敏（左三）在德国学术交流期间在中国传统医学研究院留影

摄影设备聚焦在银针的毫末，石学敏施针手法轻柔有力、张弛有度、大开大合，每每让人叹为观止，让在场的学者领略了针灸技法的精妙，在当地引起广泛反响。

本次传统医学研究院学术会议期间，适逢库尔姆巴赫举行啤酒节。德国巴伐利亚州库尔姆巴赫拥有德国最大的啤酒工厂，也被戏称为"啤酒秘密基地"。啤酒节每年都邀请尊贵的客人参加啤酒节启幕礼，此次啤酒节，当地政府邀请石学敏作为特别来宾，参加启幕礼。

啤酒节开幕当天，库尔姆巴赫集市广场早已熙熙攘攘、人流如织，摊贩老板们围绕卢伊特波尔德喷泉忙碌着。街市两旁的咖啡馆、啤酒园等各式店铺门庭若市，广场正中布置了啤酒节庆典舞台，以艳丽的各色花朵点缀，人们为稍后的狂欢做足了准备。

"石教授，待会儿开幕式您拿着木槌用力将木桶上的塞子敲掉，酿酒桶就打开了。"主办方工作人员来驻地迎接石学敏一行，并向他描述啤酒节开幕流程，他接着说，"接下来，您在台上指挥礼乐班演奏，台下的民众会随着一起唱歌欢祝，歌曲唱完，啤酒节的狂欢就正式开始了。"

"好，我知道了。"石学敏沉稳地答道。

"大石，你学过指挥吗？"本次同行的还有我国著名中西医结合专家吴咸中教授，他十分疑惑地看看石学敏。

"学过，针灸都会，指挥个乐队能有什么难的？"

不一会儿，石学敏一行到达库尔姆巴赫集市广场。在工作人员的指引下，石学敏轻快矫健地登上庆典舞台，他首先向台下参加狂欢的民众致意，随后转身示意乐队演奏开始。他上身挺直，上臂抬至胸前，手掌向下，手指微张虚握，随着音乐的节拍挥动手臂，动作自然、舒展、大方。几个节拍后，他又转身面向舞台下狂欢的民众，民众随着热情欢快的乐曲尽情高歌，不一会儿开幕歌曲结束，库尔姆巴赫啤酒节的狂欢正式开始。

穿过狂欢人群，石学敏找到同行的几位专家，吴咸中兴奋地对石学敏说："大石，看你在台上的表演，你真学过指挥啊！"石学敏点着头笑着答道："我刚才不是跟你说了我学过指挥，还能骗你吗？"国际交流、外事活动，除了扎实的学识和高超的医术，具备灵活机动的应变能力也是极其重要的，石学敏显然是这方面的高手。

针灸取法自然、疗效稳定，在盛行自然疗法的德国，民众对中医持开放的态度，接受和认知程度逐步上升。特别是中医的整体观念、辨证论治所体现的人文关怀，弥补了现代医学在健康观、疾病观认识方面的不足。德国著名的民意调查机构阿伦斯·埃伦巴赫（Allensbach）调查发现，

1999 年石学敏（前排左三）在天津中医学院第一附属医院与德国医生针灸协会实习团合影留念

只有 18% 的德国人选择只接受现代医学，61% 的德国人愿意接受中医治疗，在曾经接受过中医治疗的德国人中，愿意再次接受中医治疗的比例高达 89%。

石学敏认为，中医在西方发达国家传播推广有三大切入点：一是慢性病，如慢性胃炎、十二指肠溃疡等；二是疑难病，中风后遗症就属于此类；三是老年疾病，西方发达国家老龄化人口比例高，老年人的骨关节病、五官病、骨质疏松等健康问题突出。虽然西方发达国家医疗水平先进，但对上述问题仍缺乏有效的解决办法。石学敏在交流中发现西方发达国家老年医院、康复医院的患者，缺乏疗效确切的康复方案，多数患者承受慢性疾病的折磨，十分需要中医治疗。

随着针灸在德国政界和主流医学界中的传播，针灸的影响力日渐扩大，据 21 世纪初德国卫生部门统计数字表明，德国每年有超过 200 万人次接受中医治疗，应用针灸进行治疗的德国医生有 5 万余人，占德国医生总数的 1/6，很多医科大学都开设了针灸课程。中医已成为德国医疗卫生体系的重要部分，德国夏洛蒂医科大学医院等 30 家德国主流医院纷纷设立中医科。德国《明镜》周刊对此发表评论称：这意味着中医在德国医疗卫生中的角色不再是西医的"配角"，而是提升为与西医同等地位的"主角"。

石学敏（右二）任天津中医学院第一附属医院院长时与德国医疗机构合作洽谈

针灸治疗慢性病、亚健康态、老年疾病均有良好疗效，使得德国主流医学开始客观地接受、评价中医。

2002 年至 2007 年德国进行了大型针灸有效性对比实验，被称为"德国针灸实验"。实验招募了腰痛、膝骨关节炎、神经性头痛和紧张性头痛近

石学敏（中）、付于（右）在德国学术交流时与德国学生合影留念

百万名患者作为研究对象，由来自德国海德堡大学、马尔堡大学、美因茨大学和波鸿鲁尔大学的 100 余名科学家参与，研究报告均发表在著名医学期刊上，最终结果进一步证实了针灸疗法的有效性。

后来石学敏多次应邀前往德国，开展交流合作、传播中医药文化，并在德国建立了 4 家以针灸为主的中医医学中心。在出席某次欧洲中医会议期间，石学敏受德国科技电视台委托，在德国晨间黄金时段，以保护视力、健脑益智为主题，为德国中小学生介绍针灸保健方法，普及中医药健康文化知识，在当地引发热烈反响。

此外，石学敏与德国学术机构进一步深入合作，积极开展国际合作研究。2013 年，石学敏与德国柏林夏洛蒂医科大学克劳迪娅教授签署合作协议并应邀参观德国医院神经内科、核磁共振及针灸门诊，就合作项目及未来合作方向进行多次研讨。中德合作研究已初见成果，证实了"醒脑开窍针刺法"可以改善多发性硬化疲劳症，另一项研究则证实了"醒脑开窍针刺法"标准手法操作的重要性，并在健康受试

石学敏（左三）与瑞士学者克劳迪娅（左二）洽谈科研合作

者大脑运动功能区发生显著改变。时至今日，石学敏与德国柏林夏洛蒂医科大学仍在继续合作，为进一步佐证针灸有效性、产出高质量循证医学证据提供有力支撑。

9000根针，光耀凤城

2010年11月16日，联合国教科文组织保护非物质文化遗产政府间委员会第5次会议审议通过了将"中医针灸"列入"人类非物质文化遗产代表作名录"，这是针灸发展史上的里程碑，由此证明了中国针灸已在国际社会获得广泛认同。

2010年11月18日，石学敏准备前往美国亚利桑那州凤凰城开展学术交流。针灸不仅在文化背景相近的东南亚等国留下了足迹，也获得了欧美国家的青睐。20世纪70年代，美国《纽约时报》著名专栏作家、编辑詹姆斯·赖斯顿（James Reston）在华采访期间突发阑尾炎，于北京协和医院进行手术治疗，术后他并发了严重的腹胀，遍尝他法均难以奏效，当时的主治医师安排他接受了针灸治疗，针刺效果立竿见影，腹胀痛苦当即解除。术后第九天，他迫不及待地将此次经历撰写成文章，以《让我告诉你，我在北京的阑尾炎手术》为题目发表在美国《纽约时报》头版，他向美国民众详细介绍了在北京协和医院接受治疗的经过，分享这难以置信的针刺体验——以一根小小银针迅速解决棘手的术后腹胀。此篇文章的发表使针灸走进美国民众的视野。1972年美国总统尼克松访华期间参观了针刺麻醉下肺切除术，手术顺利完成，让尼克松对中医针灸的疗效称赞不已。此后引发美国针灸热潮，针灸迅速传播，以华盛顿地区为例，当时针灸诊所就有十余家，针灸疗法也逐步走入美国公共健康领域。

时至1991年，针灸在美国的发展走向了新阶段，美国国立卫生研究院（NIH）决定承认中国针灸，并正式应用于患者的临床治疗。1995年，美国政府健康及人类服务部所属的食品及药物管理局（FDA）将针灸列为医疗器械，标志着针灸已被美国主流医学界认可。在留美中医同人的不懈努力下，相继推动针灸相关立法及纳入医保体系，美国白宫已批准将"中国传统医学"作为独立医学体系正式纳入美国补充和替代医学体系。针灸在美50年的发展历程，以稳定疗效根植于美国健康产业，在痛证、不孕症等疾病治疗方面发挥独特优势，并从补充替代医疗迈入主流医学

中国驻旧金山总领馆祝贺石学敏院士"醒脑开窍针刺法"在美传承暨研究中心成立

范畴。

石学敏先后数次前往美国进行学术交流，2012年中华人民共和国驻旧金山总领事高占生还曾发来贺信祝贺加州中医药大学建立石学敏院士"醒脑开窍针刺法"在美传承暨研究中心，促进针灸在美国的传播推广。石学敏也曾担任美国纽约中医研究院顾问等诸多职务，连续四届被推举为国际针灸临床学术委员会主席，海外传媒也因此给予石学敏很高的评价，誉其为"华夏第一针"。

2010年11月18日，石学敏乘坐的飞机在美国凤凰城上空盘旋，这座枢纽城市规整有序的天际线映入他的眼帘。

菲尼克斯（Phoenix），又称凤凰城，是美国亚利桑那州首府，在纳瓦霍语（Navajo）中被称为"Hoozdo"，意为炎热之地。这里日照充足，气候干燥，是全美首屈一指的阳光之城，灿烂的阳光、遍布的仙人掌也成为这座城市显著的标志。

石学敏乘坐的航班平稳降落在美国凤凰城天港国际机场。此刻在机场等候区，迎接他的是来自皮马中医学院、东方医疗中心的师生及石学敏的朋友们，他们已手捧鲜花等候多时，人群中还包括美国凤凰城最大的中文报纸《亚省时报》的记者，他准备就石学敏此行做跟踪报道。石学敏飞行万里，依旧神采奕奕，微笑着和众人打招呼。

石学敏此行还有一个"特殊"的行程——观看纪录片《9000根针》（9000 Needles）。

《9000根针》片头这样描述：

> 这是一个关于希望、勇气的故事，一个中风家庭的非常规旅程，是一个特殊家庭横跨半个地球寻求治疗的故事，是一个美国家庭在中国进

行针灸治疗的故事。以此与观众共同分享这个家庭的爱与痛苦、患者的勇气以及中国医生的敬业与高超的医术。

《9000根针》取材于美国脑卒中患者戴文·德斯（Deven Dearth）赴中国求医的真实故事。主人公戴文·德斯曾是美国肯塔基州健美冠军，正值壮年的他在一次训练中突发脑干出血，性命垂危，经数月紧张的抢救虽然侥幸存活，但因脑损害严重，遗留明显残障，难以恢复往日的风采。戴文的家人带着他日复一日地进行康复训练，却没有令人满意的疗效。一日，戴文的家人在美国军事医院护士露丝所著的《走出黑暗，走向光明》（Out of Darkness, Into the Light）一书中了解到这样一段神奇的经历：在中国天津，石学敏院士应用他所创立的"醒脑开窍针刺法"，仅用了3个月的时间，使脑卒中患者露丝从卒中后左侧肢体瘫痪、双眼震颤近乎失明的状态奇迹地恢复到可以独立行走。后来她不仅实现了生活自理，还在中国投资开了间公司，人生较之前更加丰富多彩。她在书的背面写道：Ever say never（永不绝望）。

这无疑让戴文及其家人重拾信心，几经辗转，戴文在家人的陪伴下来到遥远的中国天津向石学敏求医。

来到天津中医药大学第一附属医院针灸特需病房，戴文一家有些惊讶，针灸特需病房的

石学敏（右）为美国患者露丝针刺治疗

护士们早已等候戴文一家的到来，对他的基本情况已有初步了解，协助他办好入院手续。病区环境整洁，走廊两侧围墙都安装了方便康复锻炼的栏杆，明亮宽敞的病房配以纯木制装饰，让人顷刻松弛下来，两张宽敞的床位温馨舒适——这不像一家医院，倒像是星级酒店。

从美国出发前戴文的妻子还专程学习了简单的汉语以便日常交流。但当他们入住针灸特需病房，发现医护们的英语流利顺畅，完全不存在沟通问题。医护们热情周到的服务，让戴文一家很快消除了初入异国的陌生感。

"你好，这位小伙子，听说你从前是一位健美运动员啊？"石学敏一边询问着，一边亲切地和新入院的美国患者握手。

"您好，石医生，我们从美国来，今天刚办理的入院手续。"戴文的妻子代为回答。

"我去美国学术交流很多次了，也到过不少地方。在洛杉矶、纽约、旧金山都讲过课，也在那里医治过美国患者。你们放心，我们的医护人员都很有经验，会尽力让你们有所收获，不虚此行。"

突如其来的病痛让戴文和家人迅速坠入痛苦的深渊，他们经受了太多次失望的打击，患病后的两年中尝试了很多康复方案都难以奏效。眼前这位精神矍铄的老人，仅凭分毫银针，就能像露丝书中描绘的那样，带给他们奇迹，使他们重新回到往日的幸福生活吗？戴文的家人并不敢抱有过多奢望。

石学敏走到戴文的床前，开始针刺。石学敏以命令的口吻对戴文说："美国小伙子，抬腿！"戴文试着将腿动动，令他难以置信的是，已经瘫痪两年的右腿居然抬动了，戴文一家几乎激动地相拥而泣。历经月余康复治疗，他已经能独立保持站立姿势半个小时，还能在家人的搀扶下练习行走！

戴文的弟弟道格·德斯（Drog Dearth）是好莱坞摄影师，他看到针灸让哥哥的身体恢复得如此迅速，惊叹于中医针灸的神奇疗效，也对中华文明深厚的内涵产生了浓郁兴

石学敏（右）在美国学术交流

趣。于是他萌生了一个想法，请求在哥哥戴文治疗期间全程拍摄，并希望征得石学敏的同意。石学敏思考后决定，仅允许他出于个人纪念用途拍摄部分治疗内容。

日复一日，纤纤毫针经石学敏圣手施术，在戴文身上重现"魔法"。在医护人员及戴文家人的共同努力下，戴文如同露丝一样回归了往日生活，他的家人为他计数着施针数目——共9000根银针。

回国后，戴文的弟弟道格·德斯用戴文赴中国求医的过程，制作了一部80分钟的科技商业纪录片《9000根针》，一时声名大噪。但他违背了此片仅作为个人纪念的承诺。

这次，道格·德斯早就打听到石学敏将到凤凰城交流，并密切关注着石学敏的行程安排，想就版权及肖像权等问题与石学敏面谈。石学敏在学生的陪同下观看了纪录片《9000根针》，随后道格·德斯找到石学敏。

"石医生，您好，您还记得我吗？我是道格·德斯，戴文的弟弟。"道格·德斯说道。

"哦，我知道你，你是戴文的弟弟，《9000根针》的制片人。你的消息倒是很灵通，知道我在这里。"石学敏说。

"您现在有空吗？我能请您喝杯咖啡聊一聊吗？"道格·德斯不好意思地说。

"我一会儿还要在学校讲课和示教，你有什么事，现在说吧。"石学敏答复道。

"明天，我还在这所学校等您。"道格·德斯说。

实际上，道格·德斯十分担忧石学敏会发起侵权诉讼，于是一直密切着关注着石学敏的行程，也准备了一大笔违约金想要赔偿给石学敏。

转天，道格·德斯又找到石学敏，他开门见山地对石学敏说明了来意，请求他不要发起侵权诉讼，并接受他的致歉和赔偿。

石学敏答复道："我不需要你的经济补偿，但保留发起诉讼的权利。我希望你将纪录片的宣传工作做好，扩大影响，让更多人认识针灸、了解针灸。"

此时道格·德斯才如释重负。11 月 19 日晚，纪录片《9000 根针》的试映会如期举行，制片人道格·德斯、本片的主人公戴文·德斯、皮马中医学院主席凯瑟琳等人悉数到场并一同观看了《9000 根针》。试映会毕，受邀观众仍久久不肯离去，他们折服于针灸疗法之神奇，也感慨于中国医护之敬业仁爱，同时也被戴文·德斯坚韧不拔的精神所感动。皮马中医学院主席凯瑟琳在看完纪录片后激动地讲道："石教授为中医针灸的传播推广走遍世界，使我们认识到可以应用中医针灸治疗很多棘手的疾病。他为人类作出了巨大贡献，针灸在石教授这样学者的努力下，一定会在世界范围内广泛应用。"

翌日，美国凤凰城最大的中文报纸《亚省时报》头版头条以《华夏银针，璀璨凤城》为题目报道了石学敏中医针灸事业的杰出成就，以及为弘扬中华中医药文化作出的杰出贡献。《9000 根针》在全美巡回放映，

2012年石学敏（前排左六）在美国加州中医药大学学术交流

屡获殊荣，并斩获菲尼克斯电影节等多个电影节最佳纪录片奖，在全美再度掀起中医针灸的热潮。

回国后石学敏谈起此事，实际上他对道格·德斯的违约行为确实感到非常气愤，也曾有律师建议他发起侵权诉讼，但此行他认真观看纪录片《9000根针》后，打消了这个想法。

他说："我看到《9000根针》从拍摄到制作都很完善，水平很高，如果这件工作由我们来做，可能暂时做不到人家的质量，也达不到这样广泛的传播效果。我热爱针灸，热爱这门学问，唯一想的就是把它更好地传播出去，让世界都了解针灸，知道针灸能解决很多问题，认识到这门学问的价值，这样针灸才能更长远地发展下去。"

中国天津，针灸坐标

变则可久，通则不乏。

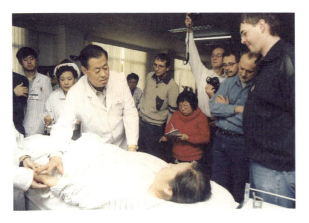

石学敏为外籍专家学者现场演示"醒脑开窍针刺法"

科技的交流是双向的。交流本身具有流动性，在交流中吸收借鉴，取长补短、完善升华。针灸是享誉国际的中华国粹之一，既有深厚的文化底蕴，又具备现实的可操作性，作为人类非物质文化遗产，对世界卫生事业的发展有重要的作用。

针灸走向世界，有利于扩大中华文化在国际上的吸引力、影响力；立足中国，将热爱针灸的国际专家学者、需要针灸治疗的国际患者请进来，将单向技术输出转变为互助共建的双向交流，才能真正使针灸具有旺盛的生命力。

医学是无国界的，健康是全人类的向往，当今世界将实现更高水平的互联互通，医疗服务必将不再被语言、文化所限。如何使针灸疗法为更多的患者提供更广泛、更优质的医疗服务，石学敏从未停止过探索。

随着石学敏国际交流足迹的不断拓展，越来越多的外籍患者慕名而来，中国天津已经成为令人瞩目的"针灸国际地标"。据统计，仅1991年至1996年，天津中医学院第一附属医院接待外籍患者达1042人，为满足外籍患者的医疗需要，天津中医学院第一附属医院针灸特需病房正式成立。

1994年，《人民日报》记者曾在报道中这样描述："环廊、酒吧、客房，有黑眼睛和蓝眼睛的聚合。餐厅、健身房、电教馆，不同肤色的人擦肩而过。这是什么地方？若不是偶见坐轮椅或拄拐杖的患者，你很难将此情景与'医院''病房''针灸'联系在一起。走进天津国际病区的患者有世界各国的贵族皇室、政府官员、商人、企业家和普通百姓，吸引他们的竟然是一根根纤毫银针。"

针灸特需病房更像是舒适的疗养院，生活区域设计、标志陈列、房间装潢都着力营造温馨舒适的氛围，令来自异国的患者更具有安全感、依赖感。

早在针灸特需病房筹建之初，石学敏就提出了整体构想：首先病房要建成宾馆式，具有完备的生活娱乐设施，包括健身房、舞厅、酒吧等。20世纪90年代初期，这样的设想很超前，连他的同事对此都难以理解，甚至在工作会议上提出异议，认为没有这个必要。当时社会上如健身房、酒吧等娱乐场所都非常鲜见，医疗机构具备这样的功能是否有存在价值？

石学敏坚定地说："按照以往的观念，医院只是给人看病，我认为这只是一个方面。医院不是受难所，应该是个重获新生的'天堂'，更何况涉及外事就无小事，要谨慎处理，这代表我们国家的形象，不仅要展现我们的专业素质，更要做好东道主，从医疗服务、日常管理到硬件设施，我都要求高质量，这点毫无疑问。"

外籍患者在天津中医药大学第一附属医院进行康复锻炼

为适应外事活动发展

趋势，石学敏主张在医院办公体系中设立外事办公室，储备日、英、法、德、韩、俄等语种专职翻译人才，掌握外事相关政策，从事日常外事工作。对涉及外事的工作人员，包括餐饮等二线工作人员在内，政治素质、姿态仪表等都进行了特别培训，不仅要树立文明友善、端庄得体的国际形象，同时也要具备过硬的政治素养。

医疗质量是涉外医疗工作的根本保证。石学敏以针灸为核心，组建了具备多学科技术力量的涉外医疗团队；突出中医特色，配合药浴熏蒸、导引功法、推拿按摩、养生药膳等中医特色疗法，制定综合治疗方案，以加强治疗效果；此外，器械康复中心配备了29种国际先进的康复训练设备，如多功能跑步机、综合举重床、健步机、划船机等。

针灸特需病房还特别注重患者的心理需求，为每一位外籍患者提供24小时"坐标式"护理服务，为行动不便的患者提供代办机票和出入境手续服务，对重病的患者进行细致专业的个人护理，包括洗澡、剪指甲、处理排泄物等，可谓事无巨细。在治疗过程中如遇到患者生日、民

天津中医药大学第一附属医院特需病房针灸卞金玲主任（中）及医务人员与外籍患者庆祝节日

族重大节日，医护人员还会准备蛋糕、鲜花，以慰患者思乡之情。

值得一提的是针灸特需病房还特别开设了"涉外医疗咨询教室"，将疾病相关的诊疗、预后、保健等知识编辑成各种文字的科普手册，在治疗间隙定期结合患者个性化特点细致耐心地讲授，增加患者对疾病的认知，增进了医患沟通，确保患者在康复过程中保持最佳心理状态。

周到的医疗服务，国际化的设施，友善的医护人员，畅通的就医流程，标准化涉外诊疗机制，助推天津中医药大学第一附属医院涉外医疗工作跨越式发展。针灸特需病房像一个窗口，向世界展示了中国传统医学的精妙和灵气，带给世界中华民族特有的善良、温情和友爱。

石学敏在一次采访中谈道："我们门诊的病人来自全国，也有来自世界的，我们医院针灸特需病房更多是美国病人，我们两层楼完全是为外国人来住院而准备的，如果效果不好，外国人跑这儿来干什么？花钱又多，路程又远。这就说明了它的效果，这叫事实胜于雄辩。如果疾病不痛苦，就不可能长途跋涉、翻山过海到别的国家接受治疗。"

天津中医药大学第一附属医院针灸特需病房的100多张床位常常供不应求，从零星的患者到中小型团体，针灸特需病房接纳了来自世界各地的外籍患者……

病在异国，幸遇良医

这是一封来自葡萄牙的信件：

石学敏院士、卞金玲主任：

你们好，一别匆匆。我回到葡萄牙已经两周，过几天就要开学了。

24号晚上，费茂实夫妇平安抵达里斯本。葡萄牙里斯本大学外事

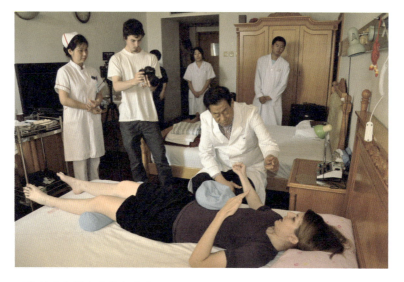

石学敏为外籍患者针灸治疗

处处长、中国驻葡萄牙大使馆官员、孔子学院的中葡同事以及费老的家人都到机场接机。在机场等待的时刻，我们都忐忑不安，不知道长途飞行以后费老的身体如何。没有想到，他身穿西装，自己推着行李车出来了。据跟他们一道回国的侯老师说，在飞行途中，费老的精神和体力都很好，没有出现任何的不适感。虽然他们在北京机场申请了特殊服务，但是他坚持不坐轮椅，并帮助他的太太和侯老师拿行李。到里斯本以后，他的思维、语言如病前一般敏捷，根本想象不到，费老在几个月前是那样的状态。

作为费老多年的同事和朋友，陪伴他们夫妇经历了这场磨难，最终能看到他们平安健康地回家，我由衷喜悦并深感欣慰！在费老突发脑出血的危险时刻，是石院士神奇的针灸和一附院的医护人员挽救了我这位老友的生命，无论是他们夫妇还是我个人，此次经历都会终生难忘！

我是10日回到里斯本的，里斯本大学的校长已经得知费老发病和被救治的整个过程，深感针灸的神奇。在葡萄牙，难寻出色的针灸医师，大部分葡萄牙人对中医和针灸知之甚少。这一次，因为费老的影响力，

天津中医药大学第一附属医院针灸特需病房医护为外籍患者治疗

不少葡萄牙政治界、外交界、教育界的人士知道了中国神针的厉害。在这一点上，费老本人多次跟我说，各种治疗相对比，他觉得针灸的效力最大。另外在这几个月里，他的夫人也学习了简单的康复治疗方法，为以后的康复打下基础。

从到达中国那天起，费老的太太就坚持每天写日记，记录丈夫治疗的点滴，我建议将来他们夫妇能将此编撰成一本书，以纪念他们在中国度过的这段日子。在我离开天津之前，他们请我帮忙做两面锦旗送给针灸病区，经过商量，我们选定了那四句话"病在异国，幸得良医。医德医术，今生铭记"。这是发自肺腑之言，无论是他们夫妇还是我个人，都觉得这几句话最能表达病人、家属以及朋友的心声。

在此，请允许我，代表我的葡萄牙朋友费茂实夫妇，并以我个人的名义，向天津中医药大学第一附属医院的石学敏院士、卞金玲主任，向12楼针灸病区全体医护人员表示真诚的感谢和敬意，感谢你们精湛的医术、高尚的医德，感谢你们的人性化关怀和照顾，感谢中医学的博大和代代相承！

人生的聚与散都是缘分，既然我们有幸相识相聚，希望以后能够成为永远的朋友。里斯本正是阳光明媚的初秋，在此，谨送上一缕葡萄牙美丽的阳光，愿它能照亮您未来的每一天！

2010年5月，葡萄牙里斯本大学孔子学院院长费茂实教授，作为研究中国传统文化的著名专家，带领专家组来到天津外国语大学进行友好交流访问。6月5日，费茂实教授因工作劳累，突发脑出血，经紧急抢救病情趋于平稳，但语言功能丧失、右侧肢体瘫痪。6月24日，费茂实教授来到天津中医药大学第一附属医院向石学敏求医，费茂实教授被担架抬着进入针灸特需病房，石学敏带领医护团队为他制定了周密的治疗方案。不到2周，费茂实教授的胳膊已经能抬举过头了；治疗3周，他的手指可以活动了，语言也越来越清晰；治疗1个月，费茂实教授已经可以独自行走；治疗2个月，语言基本恢复正常了，右手手指也逐渐灵活，可以尝试一些精细动作。

费茂实教授住院期间，葡萄牙驻中国大使特来医院慰问，并感谢天津中医一附院的医护人员对费茂实教授的悉心呵护。中秋节前夕费茂实教授出院时，葡萄牙里斯本大学校长代表学校向天津中医药大学第一附属医院医护人员赠送了一面锦旗，按照中国的习惯上面写着这样几个大字"病在异国，幸得良医。医德医术，今生铭记"。

上述信件便是葡萄牙里斯本大学孔子学院费茂实教授委托他的助手王姜梅女士撰写的信件，以表达对石学敏团队的感激。此篇还被"人民网·天津视窗"以《葡萄牙教授天津突患病，中医一附院针灸巧回春》为题目做了连载报道，报道中称，这位葡萄牙教授被抬着进来，站着走出了医院，葡萄牙友人见证了中国针灸的神奇。

诸如这类的国际信函还有很多，2010年的一天，石学敏又收到了

石学敏（右）在美国学术交流时与学生刘静（左）、患者米歇尔（中）留影

一个来自美国的沉甸甸的邮包，上面用不太规整的汉字写着"给尊敬的石学敏医生"。

工作人员将邮包送到石学敏手中，打开来里面有许多份用红纸工工整整包好的糖果，一封信件，还有几张新生儿的照片。照片里胖乎乎的宝宝，金发卷曲，对着镜头甜笑，甚是可爱。

尊敬的石医生，您好！

我已经顺利地跟我的宝宝见面了，您看他是不是很可爱？我内心的喜悦和幸福，无法用言语表达。由衷感谢您实现了我做母亲的心愿。按照中国人的礼节，我为您和您的同事准备了喜糖，劳烦您带给他们，以此小小的礼物，分享我的喜悦，也表达我的感谢。将来我希望我的孩子也能成为一名像您一样的医生。我和我的家人都非常想念您，愿您身体健康，一切都好。

米歇尔上。

信中的米歇尔是位体态略显丰盈的美国人，时年39岁，罹患淋巴癌，她的病情虽得到遏制，但因大量使用药物子宫出现了萎缩，影响了生育能力。她和她的先生十分渴望有个孩子，已经在美国施行了3次人工辅助生殖，未能达成心愿，遍访美国妇产科名医得到一致了"宣判"——她做母亲的概率几乎为零。偶然听一位华人朋友提起，针灸可能有办法帮助她改善状况，于是她抱着最后一丝希望来到了天津，寻求石学敏以中医疗法帮助她。

来到天津，初见石学敏时，米歇尔详细讲述了病情并说明了来意。石学敏看完病历，对米歇尔说："你的病情比较复杂，但是你从美国来了，我们就尽力试一试。"接下来，石学敏每天为她施针治疗，并安排了中医内科、妇科详细会诊，拟定了以益气扶正、调神祛瘀为原则的治疗方案。经过两个月针药并用的综合治疗，米歇尔的状态较前明显改善，体态也变得轻盈。由于工作原因她不得不起程回国，回国前石学敏还特别为米歇尔介绍了他在美国执医的学生，并联系她为米歇尔继续治疗。

2009年10月，石学敏在美国加利福尼亚州和亚利桑那州访学，在一次宴会上，一位孕妇朝他迎面走来，还十分热情地挥动手臂打招呼，石学敏仔细观瞧，她是米歇尔！

"石医生，我十分想念您。知道您来了，专程来见您一面！"米歇尔说。

"你好，米歇尔！先恭喜你，这是个大好事！"石学敏说。

"谢谢您，我已经怀孕7个月了，一切都很好！"米歇尔说。

2009年12月，米歇尔终于夙愿得偿，当上了母亲。为表示对石学敏及国际病区医护人员的感激，按照中国的习俗，她精心挑选了巧克力，又以红纸整齐地包好，寄往中国，分享迎接新生命的喜悦。

在石学敏收到的众多国际邮包中，还有一棵精美的圣诞树，这件礼物跟随他多年，至今仍在他办公室中。

这棵圣诞树是银灰色的，高约 40 厘米，缀有红色、金色饰品，

石学敏团队与外籍患者合影

温暖又不失雅致，扭转圣诞树底部还能奏响欢快悦耳的圣诞乐曲。

这棵精美的圣诞树是 20 年前一位日本患者赠予石学敏的。那时石学敏在日本交流，这位患者的哥哥是日本某财团的董事长，他找到石学敏，满面愁容地讲述了他妹妹的病情。

原来他的妹妹罹患了肺癌，已是末期，药石难及，他想请石学敏以中医的办法试一试，希望能减轻妹妹的痛苦。石学敏依照他的想法，看过病人后对他说："实在很遗憾，您妹妹的病情已经很重了，我们只能出于人道关怀角度治一治，但愿让她最后的日子过得体面舒服些。"之后石学敏为患者连续治疗了一个月。在这一个月的治疗中，患者的症状有所缓解，心情和食欲都得到了改善。治疗结束前正好赶上圣诞节，患者郑重地请石学敏吃了一顿饭，以感谢他这些日子的悉心医治。

几个月后，石学敏收到一个从日本寄来的包裹，拆开后是一个很精致的盒子，里面装着的正是这棵圣诞树。这名患者附上一张贺卡，封面

用工整的中文写着"谢谢"二字。贺卡上写道：

> 尊敬的石医生，您好！很抱歉您在日本为我医治的时候，欺瞒了您。我让我哥哥和您都以为我并不了解真实病情，其实我一直很清楚。所以我更为由衷感谢您的照顾，特地给您挑选了一个礼物作为纪念。以后每年圣诞节，请您打开这棵圣诞树，请石医生想想我，想想我们这些患者，感谢您作为医生细心耐心的治疗，解救我们的痛苦，祝福您一生好运常伴。

国际研讨，学术争鸣

具有两千余年历史的中医针灸奥秘万千，越来越多的专家学者、学术团体渴望来到中国——针灸的发祥地，了解针灸、认识针灸、学习针灸。

1989 年，石学敏作为大会主席成功举办了首届"中国·天津国际针灸学术研讨会暨中医学术交流大会"。石学敏举办针灸国际会议最初目的是要让针灸知识传播出去，展示中国医学魅力，树立针灸的国际学术地位。

截至 2021 年，中国·天津国际针灸学术研讨会已成功举办了 15 届，每届会议都得到了海内外针灸学者、针灸爱好者的广泛关注。在研讨会上，专家学者们互相交流成果，切磋针灸技艺，探索科技前沿，促进了中医针灸交流发展，推动了知识更新。中国·天津国际针灸学术研讨会为古老的针灸学提供了展示魅力的窗口。通过国际学术研讨，温故友、结新交，德国斯图加特市的哈特教授、日本后藤修司教授都曾多次在大会做主旨演讲，而美国长岛大学的劳德教授就属于新朋友中的一位。

石学敏曾受邀到美国长岛大学交流，长达 2 小时 40 分钟的学术报告结束后，长岛大学的学者提出质疑，他们很难相信小小银针能解决令现代医学感到棘手的医学难题。长岛大学劳德教授提出一个建议，是否可以到中国实地参观，石学敏当即欣然同意。1996 年，正值中国·天津国际针灸学术研讨会筹备期间，劳德教授得知会议通知后，准备前往天津并实地参观针灸病房，但他事先没有联系石学敏。劳德教授抵达天津后才联络了石学敏，并提出参观医院的请求。出于当日的承诺，劳德教授一行参观了医院门诊和住院病房，并走访了几位中风患者。劳德教授突然提出想要查阅往年病案，并随意挑选出不同时期的 100 份中风病历，对患者进行电话随访，询问患者及亲属治疗前后病情的真实变化，以验证针灸是否确有其效。

显然这个要求有些唐突，但针灸疗效的可靠性毋庸置疑，石学敏还是应允了。劳德教授带领助手一份份地核实病历并做了细致的电话随访，结果证实，这些病历中没有一份是虚假的，针灸疗效真实可靠。

劳德教授向石学敏致歉，他说没有提前告知石学敏核实病历的想法，就是怕他有所准备，得不到真实的验证。他感慨地说："中国的患者是幸福的，如果以后我得了中风，也要到这里治疗，你们的针灸疗效真实肯定，确实很了不起。"之后石学敏同劳德教授成了好朋友，学术合作也愈加紧密，之后的中国·天津国际针灸学术研讨会，劳德教授无论如何繁忙，都会如期参加，就这样劳德教授从新朋友变成了老朋友。

跨国科研合作是国际学术交流的又一手段，石学敏带领团队先后与日本筑波大学、京都大学，德国柏林大学、慕尼黑大学及法国基因研究所等学术机构开展多项国际合作，并取得高水平科研成果。

国际针灸人才同样是针灸传播推广的关键，石学敏认为国际针灸人

石学敏（右二）在天津中医药大学第一附属医院接待外籍专家

才的培养要具有一定的质量标准，这样才能保证针灸在国际上健康发展。越来越多的国际针灸学者渴望来华学习，墨西哥的梅萨便是其中之一。

　　出于对针灸的兴趣和热忱，梅萨是最早来华学习针灸的外国学者之一。梅萨一行20人，抵达中国后被安排在其他院校学习，由于课程设置侧重中医理论，虽然梅萨有一定的汉语基础，但碍于文化背景的巨大差异，他实在难以理解其中奥秘。根据调查了解，梅萨提出希望前往天津学习针灸。相关领导把教学任务安排至天津，这才有了梅萨与石学敏见面的因缘。

　　梅萨在针灸病房跟随石学敏学习，针灸立竿见影的效果让他对针灸的兴趣愈加浓郁。转眼一年的时间过去了，到了梅萨回国的日子，梅萨对石学敏说："石教授，针灸的效果太令人惊奇了，我要把针灸原汁原味地带到墨西哥。我回国处理下签证手续，还要回来更系统地学习针灸。"

几个月后，梅萨又回到了天津中医学院第一附属医院，开始了为期4年的全日制针灸学习，从《黄帝内经》到《针灸大成》，

天津中医学院第一附属医院医生为外籍学者讲学

他勤勤恳恳地研读，5年后的梅萨说着一口地道流利的汉语，针灸理论和实践技术也都有了显著提升。

临别时，他对石学敏说："石院长，感谢您能毫无保留地将针灸技术教授给我们，也希望将来您能有机会去看看墨西哥的'针灸种子'是不是在茁壮成长！"后来石学敏曾六度造访墨西哥，每次梅萨都在墨西哥城恭候石学敏到来。

石学敏在国际交流时授课

1991年由中国音像出版社出版发行的《石学敏针刺手法》系列录像带，已译成英、日、德、法4种语言，陆续销往美、法、德、韩、墨西哥等国家，深受国际针灸界欢迎，也造就一批海外针

2005年石学敏（左二）在墨西哥接受当地电视台采访

灸学者。日本东京后藤学园以该录像为蓝本，编辑出版了《脑血管障碍的针灸治疗》，并在名古屋建立了"醒脑开窍针刺法"治疗中心，东京牧田综合病院的田中泰先生依据该录像练习，成为日本针灸界十大名医。《石学敏针灸治疗学（英文版）》是美国100多所中医药大学的指定教材，石学敏独创的"醒脑开窍针刺法"是美国针灸考试内容之一。由人民卫生出版社出版的中医药"走出去"系列图书《石学敏针灸学》英文版、法文版、西班牙文版的出版，促进了针灸学国际化发展传播。

周一良曾指出：凡是在两个国家或两个民族进行文化交流，接受的一方，必然有交流的需要，再加上适宜的条件和环境，交流的成果才能在一段时间里生根、发芽、开花、结果。

针灸脱胎于中国传统文化，其理论和表达都带有浓郁的文化特质，如五行阴阳、藏象经络等知识，难以被不同国家、不同文化背景的学者所理解，这极大地阻碍了针灸的传播发展。如何讲清针灸故事，是针灸国际化道路上亟待解决的问题。石学敏很早就意识到，针灸的国际化

石学敏（右）赠予外籍学生《石学敏针灸学》

必将以确切的疗效为保障，继而用科学化的语言阐述针灸的有效性，只有这样，针灸的国际化道路才能行稳致远。

在过去的几十年中，世界对针灸的认识经历了由好奇到认同、由非法到合法的重大转变。这一转变的基础是针灸的疗效。针灸正成为世界人民维护健康、治疗疾病不可缺少的医学手段。

放眼全球，103 个世界卫生组织会员国认可使用针灸，其中澳大利亚、匈牙利等 29 个国家和地区设立了相关法规，新西兰、瑞士等 18 个国家和地区将针灸纳入医疗保险体系。美国《时代周刊》发表了题目为《为什么针灸正在进入主流医学》的文章。文中指出，日益增多的针灸临床实证以及主流医学界越来越开放的态度，促使针灸逐渐成为主流疗法之一。

针灸的对外交流方兴未艾，针灸

石学敏（中）在美国与学生合影

2010 年石学敏（右）访欧时与德国议员考普勒先生交谈

国际化步伐行稳致远，针灸的国际认可度正在稳步提升。针灸不仅为人类防治疾病提供了一种有效的医疗方法，而且为世界医学开拓了新的研究领域。

"我们要继承好、发展好、利用好传统医学，用开放包容的心态促进传统医学和现代医学更好融合。"习近平主席对中医药的寄语，为传统医学发展指明了方向。2016 年，我国出台了首部中医药法《中华人民共和国中医药法》，印发了《中医药发展战略规划纲要（2016—2030 年）》《中国的中医药白皮书》，开启了依法发展中医药事业的新征程。

天下大同，和而不同。

针灸的国际交流应在构建人类卫生健康共同体的新时代中扮演新角色，打破东西地域界限，摆脱文化背景束缚，因时制宜、因地制宜、因人制宜地将中医针灸、中医药文化带到海外，让全世界知其然也知其所以然。在世界卫生健康问题的处理中展现中国特色，提供"中国处方"，以自身的发展经验填补全球卫生治理的发展缺位，为构建人类卫生健康共同体贡献中国智慧，实现人人享有健康的美好愿景。

第七章

赓续悬壶愿

弘医为苍生

石学敏在德国学术交流时留影

中风上游，功在预防

医学的起源是朴素的，它产生于人类与疾病、自然环境的斗争中，是人类趋利避害和治疗实践的不断积累。人类对健康与疾病现象的思考贯穿医学发展的始终，后来人们逐渐意识到疾病是生命现象中难以分割的客观存在，疾病的预防就成了医学发展中至关重要的命题。

几经沧海桑田，随着社会文明的发展、科技的进步，疾病谱发生了根本性改变。历史上曾经是人类健康主要威胁的烈性传染病、寄生虫病，因预防接种的普及得到了有效控制。工业的迅猛发展导致自然生态平衡、人群饮食结构、人类生活作息等都发生了巨大改变，疾病谱也随之改变，心脑血管疾病、恶性肿瘤的发病率不断提高。

疾病的发生转归以及预后都难以脱离社会环境因素、个人行为因素单一而论，综合因素分析更能全面客观地理清当代健康问题。中国已经迅速进入老龄化社会，预计到 2050 年，60 岁以上的人口将占我国总人口的三分之一。医疗模式处在新旧转化的重要时期，健康策略的重点已从疾病的治疗转向预防。

早在两千多年前，古人对"防"与"治"的辩证关系就有了一定的认识。《黄帝内经·素问》记载："是故圣人不治已病，治未病；不治已乱，治未乱，此之谓也。夫病已成而后药之，乱已成而后治之，譬犹渴而穿井，斗而铸锥，不亦晚乎？"治未病——中医疾病预防理念在《黄帝内经》中已明确提出，其中包含未病先防、既病防变、愈后防复，这与现代预防医学理念高度吻合。预防医学在医学总体中的权重不断增加，预防医学与基础医学、临床医学共同组成了现代医学支柱。预防医学符合当代人类健康利益需求，代表了未来医学发展的方向。随着人口老龄化问题加剧，中国医学正在面临新的机遇与挑战，慢性疾病的健康管理、疾病预防将在我国医疗卫生事业中占有更加重要位置。

脑卒中作为我国成年人致残的重要原因，严重威胁着居民的健康。为防止脑卒中对国民健康的危害，除提出更优化的诊疗方案外，预防措施显得尤为重要。在规律的饮食、良好的作息前提下，脑卒中的预防应更高层次地着眼于脑卒中危险因素的控制。

石学敏题字留影

据统计，77%的脑卒中都与高血压有关，高血压病作为脑卒中最重要的独立危险因素，是脑卒中预防的重中之重。根据《中国心血管健康与疾病报告2020》显示，我国高血压现患人数为2.45亿，具有患病率高、知晓率低、治疗率低、控制率低的特点，我国高血压的直接经济负担占卫生总费用的 6.6%，高血压已经成为我国乃至世界的公共卫生问题。提高高血压的知晓率、控制率、达标率，可最大限度地降低中风病的发生。

目前高血压的治疗手段主要是药物，而药物治疗具有一定的副作用。随着医学的发展、时代的进步，对高血压的防治也提出了更高的要求，其目标已经不单单停留在控制血压数值，而是平稳达标，预防心、脑、肾靶器官损害，从而提高生活质量，降低不良事件的发生概率。

"上工刺其未生者也，其次刺其未盛者也……故曰：'上工治未病，不治已病，此之谓也。'"高血压是中风的上游疾病，石学敏很早就将目光聚焦到高血压病的防治上，经过大量临床实践和理论探索，创立了以人迎为主穴，具有明确手法量学标准的针刺方案。以针刺方法防治高血压，可减少药物带来的毒副反应，可有效保护心、脑、肾等靶器官损害，是改善高血压病的新思路、新途径。

为更好地开展针刺治疗高血压的临床实践，确保患者治疗连续性，推广针刺降压治法，石学敏在每周常规门诊外，又特别开设了高血压专病门诊。

2008 年 8 月 18 日，盛夏骄阳如火，蝉声鼎沸，天津中医药大学第一附属医院国际医疗康复大厦的针灸诊区，医疗工作正井然有序地进行着。二楼的一间诊室内医生们正在做着开诊前的准备，大家将脉枕、针具、消毒用品、治疗车等一应物品准备妥当。

石学敏的学生王舒双手托着一块金色的门牌，在诊室门外的墙上左右挪动，比画着门牌摆放的位置，金色门牌上工整地写着"高血压门诊"5个大字。石学敏的另一位学生杜宇征，在不远处审视着门牌的位置，他走过去，将门牌略向上提了提，又走回去看看，最后确定道："师兄，位置正了，就这么放吧。"

今天是高血压专病门诊开诊的首日，诊室内外忙碌着的都是石学敏的学生们。石学敏身着笔挺的白大衣朝诊室走来，虽然这一年他已年过古稀，但依旧身姿挺拔，步履稳健。石学敏无论事务如何繁忙，仍旧坚持每周两次的门诊诊疗工作。

石学敏进入诊室后，他的学生们向他问好，今天前来跟诊的学生们除了在读的硕博研究生，还有几位是经验丰富的副主任、主任医师。

诊室迎面摆放着一对精美瓷瓶，这是石学敏的学生听闻导师开设高血压专病门诊特别赠送的。石学敏走到瓷瓶前，对学生们说："中国人喜欢谐音，喜欢吉祥，'瓶'同'平'有平安的意思。我觉得今天这个'平'很贴切，我们开设高血压门诊的目的就是让患者的血压平稳，让患者平安。至于患者是不是真正平安，关键在我们的治疗方案、我们的操作手法。开设高血压门诊，也是为了更好地服务患者，开展针刺治疗高血压的工作，观察针刺降压的实际疗效。规范针灸降压治疗可以减免药物，且临床可重复性强，那么加强针刺降压的推广应用就是后面我们必须要做的。"

早在20世纪70年代，石学敏基于大量临床实践经验，结合经典中医理论和现代医学理论，对高血压病因病机进行了深入剖析。高血压病是一种血管病变，中医病因病机也应立足于气血脉，在气、血、脉三者中，气又是中心调节环节。这三者恰恰体现中医经典理论——"气海"理论的核心，因此"气海"理论是中医学认识、分析及治疗高血压病的核心，这也与现代医学中血压的形成、维持及调节机制高度吻合。

石学敏创立了以"活血散风，调和肝脾"为治疗原则的针刺降压方法，

2008 年 8 月，高血压门诊开诊当日石学敏（前排左四）与针灸学科团队

为高血压病防治提供了新方案。作为全国首创的针刺治疗高血压门诊，自运行以来，制定了操作规范，建立了一支团结向上、技术过硬的医疗团队，每年经高血压门诊以针刺方法治疗调控血压的患者可达上万例；同时针刺治疗高血压获得了国家重点基础研究发展计划（"973"计划）、国家中医药管理局中医药行业科研专项、国家自然科学基金等多项国家级科研课题立项支持。目前临床研究证实了针刺治疗高血压病疗效，该技术治疗高血压可在保护靶器官的基础上整体调节血压节律，能够有效地促进血压达标，提高患者生活质量，适于推广应用，为广大高血压病患者带来福音。

国家中医药管理局中医药行业科研专项答辩的前一天，石学敏的学生杜宇征接到了来自导师的电话。

"宇征，明天高血压行业的答辩，准备得怎么样了？"石学敏问道。

"老师，材料准备得差不多，正在做最后的整理，方案按您的指导做了修改，准备下午动身去北京。"

"那天我跟你梳理的专家可能提到的问题，再准备准备。最终方案定稿帮我准备一份，下午你来接我，咱们一起去。"

第二天，在国家中医药管理局中医药行业科研专项答辩会议现场，国内针灸行业翘楚济济一堂，评审专家就各个申报项目的课题方案、临床实施、成果产出等方面依次进行审读提问。石学敏和学生杜宇征一前一后走向会场。

步入会场前，石学敏让了一步，对学生说道："今天你主答辩，我给你当助手，你走前面。"

"老师，这不行，怎么能让您给我当助手。"杜宇征推辞道。

"行业专项课题申报工作你做得更多一些，内容都很熟悉，由你答辩没有问题。咱们针灸学科家底丰厚，针刺防治高血压病的研究开展也早，这个方向也一直是你的学术专长，临场发挥，难度应该不大。"

说着，师生二人步入会场。当天石学敏的衣着十分低调，评审专家有很多都是他的相知故友，他选了个不起眼的位置坐下，默默翻看着答辩资料。

"有请申报项目'针刺调控原发性高血压防治中风病的研究及推广应用'的申报团队天津中医药大学第一附属医院的专家进行申报答辩。"石学敏师生二人目光交会，石学敏对杜宇征微微点了点头。随即杜宇征起身，走上发言台清晰简明地汇报了天津中医药大学第一附属医院针灸学科针刺防治高血压临床实践和基础研究工作进展以及本项目立项背景、工作方案和预期成果。

石学敏坐在台下，聚精会神地听着学生杜宇征的汇报，拿起笔在答辩材料上圈画着、记录着。一会儿的工夫汇报结束，进入评审提问环节。

"您好，杜主任，我想提一个比较实际的问题，高血压病患者一般都需要连续治疗，怎样保证不同单位的医生在针灸治疗时具有相同的疗效？"

"您这个问题，我这样考虑……"杜宇征刚要作答，被一个熟悉声音打断。

"这位专家，您好！这个问题，我来回答。"说着石学敏站起来，准备就刚才的问题作答。

"石院士，您好！刚才没有注意到您在现场，您怎么没在专家席就坐呢？"

"我今天是来参加这个项目申报答辩的。"石学敏接着说，"您提的问题非常好，多中心研究实施起来具有一定困难，在我们的方案设计中，也充分考虑到这个问题。第一，在针刺处方中对手法操作进行严格的界定；第二，在课题实施过程中以技术推广和培训的方式，确保实施者掌握方案……"

评审专家接着又提出了几个问题，石学敏一一作答，答辩很顺利地完成了。

"老师，我想问问您，您觉得这次答辩怎么样？"返津途中，杜宇征忍不住向老师询问。导师亲自作答，无疑让申报答辩进行得更加顺利，但杜宇征也十分想了解在答辩过程中的不足之处，日后加以修正改进。

石学敏拿出在答辩现场记录的资料，对学生说："宇征，其实那个问题你回答也完全可以，这个问题也是我们预料到，也准备过的。但这个项目我们应该拿下来，也必须拿下来。这时候就需要体现专家的优势，这点没法否认，也算对既往工作成绩的认可吧。但是在答辩过程中，这些地方你阐释得还是不够清楚，模棱两可，学科的优势强调得不够。反过来，如果你是评审专家，你就会根据那些没有说清的地方、方案实施有困难的地方提问，以后项目课题申报答辩这样准备起来就有的放矢。"

石学敏接着说："在我们学科，中风病是我们擅长的，也是优势病种，这点毫无疑问，重视中风病上游——高血压病的防治，中风病下游后遗症的诊疗，整合国内外研究资源进行深入研究，再回归到临床，完善治疗方案，得出最有效的中风病防治措施能从根源上解除病人的痛苦。"

慢性疾病防治是全球范围内重要的公共卫生问题，中国拥有 14 亿多人口，其中超过 5 亿人群患有慢性疾病，我国同样面临慢病致死率提高、疾病负担加重的挑战。据国家卫生和计划生育委员会 2015 年发布的慢病状况报告提供的数据，我国慢病致死人数占全国总死亡人数的 86.6%，慢病导致的疾病负担占总疾病负担的 70%。如何做好慢病防治，健康管理，已经成为影响国家经济发展的重大公共卫生问题。

健康是一个全程呵护的过程，事后对抗性治疗往往为时已晚，倡导健康的生活方式，管理慢性疾病，消除

2008 年石学敏（右一）获王定一杯中医药国际贡献奖

健康隐患、防患于未然，实现疾病预防、提高生存质量是当今医学的主要目标。《"健康中国 2030"规划纲要》确立了"以促进健康为中心"的"大健康观"，提出预防为主、关口前移，推进健康生活方式，减少疾病发生，推动社会共建共享，人人自主自律，实现全民健康。

在数千年岁月中，中医药防治体系对中华民族的繁衍生息发挥着不可替代的作用。中医理论所倡导的未病先防、既病防变、瘥后防复的治未病理念，在疾病预防领域有得天独厚的优势，使其在慢性疾病防治中同样扮演着重要角色。

《国家基层高血压防治管理指南 2020 版》首次增加了中医药防治高血压的内容，肯定了中医疗法在基层高血压健康管理的临床价值。中医药是我国医疗卫生事业的重要组成部分，中医学以其独特优势，将在当代医学预防治疗实践中发挥不可替代的作用。

基层推广，惠及百姓

健康是立国之基、发展之要，是国民最关心、最直接的诉求。实现全民健康，将健康福祉惠及每一位民众是中国特色社会主义建设之需。

中共中央、国务院印发《"健康中国 2030"规划纲要》，确立了新时代卫生与健康工作的根本立场和价值指向，深化了党和国家对人民健康事业发展的认识，丰富了全面建成小康社会的实践理解。我国的健康事业始终以人民为中心，着力改善人民健康状况，实现人口健康全覆盖，推进人民对美好生活的向往这一目标的实现。

为天地立心，为生民立命，为往圣继绝学，为万世开太平。

这是北宋张载著名的"横渠四句"，寥寥几语深刻地诠释了士大夫的家国情怀。大医精诚誓为天下生灵拔济此厄，必怀有家国之情怀。

让古老的针灸学发挥简便易行、应用场景多元化的优势，使针灸在我国的医疗卫生事业中体现独特价值，惠及更广泛民众，始终是石学敏不变的志向。

"健康是人的第一财富。医生就是人类健康的护航使者，传承好针灸是我永恒的责任。"

针灸学正迎来前所未有的历史机遇，但我国针灸学发展仍存在问题与挑战。全国针灸行业发展不均衡，虽然部分地区针灸发展处于领先水平，但未能带动周边区域针灸服务能力整体提升，全国大部分地区的针灸学科仍被当作附属科室，缺乏良性业态发展机制，难以形成服务规模；基层单位、偏远地区针灸实力薄弱，针灸服务能力参差不齐，优质针灸资源难以真正惠及基层群众，针灸的特色优势也就无法得到有效发挥。久而久之，后续乏学，群众基础也将越来越薄弱，对针灸学的健康发展十分不利。

石学敏创立的"醒脑开窍针刺法"理论和技术体系日趋完善，具备了成熟的技术，继而实施推广，才能进一步发挥针灸在防病治病等方面的独特优势，推动优质针灸资源下沉，使更多的百姓获益，实现针灸的实际价值。

石学敏开始带领团队面向全国、面向边远地区、面向基层单位，将针灸适宜技术推广应用。他带领天津中医药大学第一附属医院针灸学科团队远赴宁夏、西藏、新疆、甘肃等边远地区，以技术指导、专家会诊等多种形式开展针灸适宜技术推广，并对基层单位定点帮扶，提升了当地针灸服务能力，使针灸技术惠及百姓。内蒙古自治区呼和浩特市蒙医中医医院便是石学敏在西部地区重点帮扶的单位之一。

"愿以一座城的名义给各位院士专家献上最高的礼遇，愿以一座城的名义给各位院士专家开辟最广的舞台，愿以一座城的精彩为人民群众提供最佳的养生地。"

2021 年 7 月，内蒙古自治区领导在敕勒川草原千人会议厅"院士青城

石学敏在基层单位进行技术推广

行"活动启动仪式上，掷地有声地发表主旨演讲，向与会的各位院士专家发出诚挚邀请。在"院士青城行"活动论坛上，石学敏院士、南志标院士、沈保根院士、张涌院士就青城如何走好创新之路进行了对话探讨。

呼市的盛夏碧草青绿，繁叶成荫，广袤无垠的草原给了这座城市夏日难得的清凉。石学敏出席了本次"院士青城行"活动，他在内蒙古自治区呼和浩特市蒙医中医医院进行定点帮扶、技术推广已有近 3 年时间。

中国工程院院士、国医大师石学敏不畏八旬高龄带领团队来到玉带环绕的呼和浩特市蒙医中医医院进行指导。呼和浩特市蒙医中医医院的负责人汇报了科室建设和针灸应用情况，石学敏实地走访了中医针灸科。随后石学敏围绕"醒脑开窍针刺法"学术思想开展了讲座和教学示范，结合当地多发病、常见病特点进行了指导。

"石院士，最近遇到了一位比较棘手的患者，病情危重，治疗效果不明显，请您在诊疗方案上提提意见。"向石学敏求教的是他在呼和浩特市蒙医中医医院的学生樊海龙，他是中组部第十七批次"西部之光"访问学者，石学敏是他的指导老师。

"好，说说患者病情吧！"石学敏答道。

"石院士，向您简要汇报患者病情。患者女性，58岁，于6月5日因心脏停搏、意识丧失入院。经抢救各项生命体征暂平稳，现神昏，呼之难应，四肢不遂，时有癫痫发作，饮食水自胃管注入，二便难以自控……"

"海龙，你打开病历系统，我看一下患者的影像资料和化验检查。"石学敏查阅患者病历，询问主治医师治疗经过，接着说："这个病人，病情确实不太乐观，病人还在监护室吗？我去看看。"

"石院士，要不您通过视频看看患者情况，进入重症监护室流程很麻烦。"医院工作人员说道。因为进入重症监护病房，有严格的消毒流程，需要更换隔离衣，工作人员担心石学敏虽精神矍铄、思维敏捷，但毕竟已是八旬高龄，按制度执行多有不便。

"你这个年轻大夫说话有点外行，当医生的光看病历，不看病人那怎么叫看病？我来你们这里，不就是为了解决疑难危重问题吗？你们都能解决了，我就不用来了。不就是换衣服麻烦点，那有什么关系。"

随即一行人来到重症监护室。患者的情况的确不容乐观，意识状态不佳，呼之难应。石学敏对主治医生说："这位患者的情况还是很严重，要着重预防卒中后坠积性肺炎，根据病情随时复查。患者的针刺治疗方案以开窍醒神为主，一定要把针刺手法做到位。我做个示范，你们看看。"说着石学敏接过已经准备好的银针，以"醒脑开窍针刺法"为患者治疗。

"像这种意识障碍的患者，手法要这么做。"石学敏进行着教学演示，系统地讲解了意识障碍患者的针灸诊疗方案，并结合患者的实际情况提出了会诊意见。

每次石学敏来呼和浩特市进行技术指导，无论酷暑严寒，他都会亲自在呼和浩特市蒙医中医医院门诊为当地群众义诊，闻讯而来的患者早

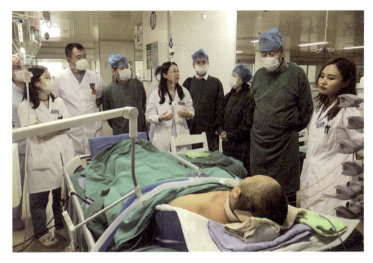

石学敏在呼和浩特市蒙医中医医院 ICU 会诊指导诊疗

早排成了长龙，他们之中有卒中后半身不遂的老人，也有久受顽疾困扰的青年，石学敏每每不顾高龄，持续工作，有时还往返于内蒙古自治区其他医院间进行会诊。他耐心细致地询问病情，把脉辨证，亲自为患者施针治疗，还对日后的治疗方案加以指导。

石学敏将关爱和健康送到呼和浩特百姓身边，为加快推广针灸技术，还多次在当地举办学术讲座，促进了内蒙古中青年医师掌握针刺技术、传承学术精髓，将优质针灸资源推广到全自治区，为内蒙古针灸事业提供了强有力的人才保障和技术支持。

有人说中医是一根针、一把草，也从侧面说明了中医药具有简便易行、经济高效的优势，尤其适合在基层推广应用。中医也具备广泛的群众基础，深受人民群众欢迎。基层群众对中医药服务的最强烈需求就是"看上好中医、方便看中医"。但由于中医技术水平发展不均等原因，多数基层医疗卫生机构中医药服务内容单一的问题仍然存在。提高基层中医药服务能力，增加基层中医服务供给，使中医疗法全面普及，民众才能真正受益于中医，中医才能全方位、全周期地保障人民健康。

石学敏已年过八旬，仍不辞辛苦，为学术传承、促进针灸技术更广泛应用，奔走在各地。无论盛夏严寒，只要基层单位提出扶持需求，他都欣然应允，为当地普及针灸技术，为学科发展"把脉开方"。他经常在几日内辗转多地，这位耄耋老人要将精妙的银针技法，传到一批又一批的年轻人手中，帮助更多患者健康，让仁爱济世之心惠及万家。

这一日，石学敏接到秘书马泰打来的电话。

"院长，宜兴市中医医院发来邀请函，请您到宜兴市指导，他们针灸学科的发展始终不理想，想请您过去看看。"马泰对石学敏说。

"这是第二次来函吧，跟他们联系一下，我们近期过去看看。"石学敏说。

陶都宜兴，古称阳羡，地处太湖西岸，是苏、浙、皖三省交界。这里风光秀美，文脉厚重，古往今来，不少文人雅士在宜兴留下佳作，苏轼在《归宜兴留题竹西寺》中写道："暂借藤床与瓦枕，莫教辜负竹风凉。"可见这竹海波浪、溪水潺潺，也曾让苏轼魂牵梦萦。

接连几日的小雨，让11月的宜兴显得有些阴冷。石学敏和学生戴晓矞、秘书马泰应邀来到宜兴市中医医院进行技术指导。刚下高铁，石学敏就打了一个响亮的喷嚏。

"老师，之前就劝您等感冒完全好了再出差，您快把外套穿上吧。"学生戴晓矞看到老师身体微恙关切地说。

"之前答应了人家，何况这家单位来信两次了，心情很迫切。我不过是小感冒，并不碍事。"石学敏说。

宜兴市中医医院的领导早就在高铁站外等候，看到石学敏走出站台，

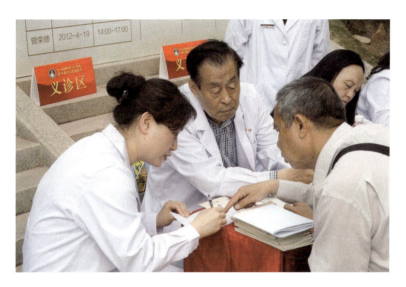

2015 年 4 月石学敏与学生戴晓矞在厦门海峡两岸文化节现场义诊

赶忙迎上去，一番寒暄后，随即乘车前往目的地。

宜兴市中医医院的负责人十分诚恳地向石学敏汇报："石院士，您好，我是这家医院的负责人。在一次学术报告中得知您创立的'醒脑开窍针刺法'治疗中风疗效显著，您带领天津针灸学科做出卓越的成绩。我们一直很想在宜兴发展针灸，也引进了针灸专业青年人才，做了配套建设，但针刺服务能力始终上不去，学科发展也不理想，我们只好请您来'会诊'，为我们指明方向。"

"好，你先介绍你们的学科梯队建设，再讲一讲现在的问题。一会儿咱们去实地走访看看。"

宜兴市中医医院负责人将针灸学科的情况详细阐述，接着他们一同到针灸科门诊、病房实地调研，石学敏指出了科室发展的症结，并为他们提出解决方案……不知不觉，时间已过正午。

学生戴晓霭担心导师感冒还未痊愈，身体吃不消，对宜兴市中医医院的负责人说："这位老师，您好！现在12点多了，石院士需要休息，下午还要做学术报告。"

还没等宜兴市中医医院负责人开口，石学敏说："不碍事，你刚才不是说还有几个情况复杂的病人需要我诊治吗？"

"是的，石院士，但现在确实很晚了，我们安排不周，您还没有吃午饭。下午2点就要开始学术报告了！"宜兴市中医医院负责人难为情地说。

"没关系，我中午简单吃一点儿，平时也是这样。让患者稍微等一等，在下午讲座开始前，我为他们诊治。"就这样，石学敏坚持连续工作，为4名患者看诊，待到诊疗结束，学术报告也将要开始。他仍旧精神饱满地为当地医生讲授"石氏中风单元"，还做了现场演示。

待到工作结束已是傍晚，他还要赶往机场参加转天在北京举行的学术交流。

他的学生戴晓霭留在宜兴市继续做技术指导，她送导师前往机场，看着导师疲惫的面庞，她有些心疼，对导师说："老师，您的行程太紧凑了，到了北京一定找时间多休息。"

"好了，这是正常的。你记得在针刺手法上多指导，跟宜兴市中医医院建立联系，遇到疑难病例我们要提供技术支持。"石学敏嘱咐道。

望着老师的身影消失在暮色中，戴晓霭的眼眶不由得湿润了。

传承，是学术生生不息的源头。面对众多赞誉，石学敏最看重的是"传承"，是技术的更广泛应用。在一次采访中，他这样说："有人说我是'鬼手神针'，也有人说是'银针外交'，其实我最想干的事情就是把中医针灸技术传承下去，让这古老的中医技艺造福更多百姓，为中

2022 年 3 月石学敏（左三）与针灸团队为新加坡患者进行远程会诊

国人民和世界人民服务。"

丹心百年，风华一片。

济世爱民是家国情怀的生动诠释，病有所医是石学敏作为一个医生的初心，也是持之以恒的追求。虽然他已年届高龄，仍不遗余力发光发热，为全国针灸医生开展针灸适宜技术培训，面向基层、面向边远地区的医疗卫生需求，推广针灸适应技术，极大地促进优质针灸资源下沉。

病有所医，愿景可期。

石学敏带领团队通过针刺适宜技术推广、针灸特色技术培训等方式，提高基层医疗机构针灸医师的诊疗能力和服务质量，拓展了基层单位服务范围，派遣医生赴边远地区的基层医院指导临床诊疗技术，培养基层医生医疗服务能力。

此外通过健康帮扶、国内外远程会诊等方式，提升优质针灸资源辐射，提高基层针灸服务能力，促进针灸技术在全国应用，带动针灸区域平衡发展和整体医疗水平的提升，实现全方位、全周期保障人民健康的愿景。

桑榆未晚，矢志不渝

石学敏重视学术传承，他曾这样说："针灸学是我国古代劳动人民创造的一种独特的医疗方法，是非物质文化遗产，这一点是国际公认的。做好针灸的传承工作，我们责无旁贷。"

"藏寒生满病，其治宜灸。"成书于秦汉时期的《黄帝内经》详细描述了九针的形制，记载了针灸的理论与技术。

回溯原点，针灸立起沉疴的美名源自一个起死回生的故事。春秋战国时期，针灸疗法日趋成熟，涌现大量精通针灸的医生，有着"中华医祖"之称的扁鹊便是其中之一。

扁鹊，姬姓，秦氏，名越人，春秋战国时名医。司马迁曾称赞："扁鹊言医，为方者宗。守数精明，后世修（循）序，弗能易也。"

在《史记·扁鹊列传》中曾记载这样一则故事：

时逢扁鹊游历至虢国，听闻年轻的虢国太子不省人事，御医们束手无策，见太子没了生气，以为太子已暴厥而亡。举国哀痛之际，扁鹊忖度太子症状，顿觉可疑，于是他赶到虢国宫殿门前，对宫人称他有办法令虢国太子起死回生。宫人诧异，于是扁鹊告知宫人可依照他的办法诊视太子，一定可以听到太子耳部有细弱的声响，鼻翼在微微地翕动，两腿内侧应该可触及余温。宫人听之将信将疑，按扁鹊的办法尝试，虢国太子症状确如扁鹊所言。于是赶忙入宫禀报虢国君主，君主大惊，亲自迎接扁鹊入宫为太子诊治。

石学敏参加 2008 年全国中医药工作会议

扁鹊判定虢国太子所患之症为"尸厥"，证属阴阳失调、气脉纷乱，形静如死。扁鹊以针砭为虢国太子治疗，取三阳五会等穴，不久太子果然苏醒。后扁鹊又将汤剂调理阴阳，二十余日后太子便痊愈了。此事后，扁鹊医术高超之声名不胫而走。这便是现存文献记载中以针灸治疗顽疾的代表医案。

针灸包含着大量的实践观察知识体系和技术技艺，几千年来，人们利用针灸治疗疾病，解除病痛，并由此创立了独具特色的人体经络腧穴理论。

经络运行气血，连接五脏六腑，沟通四肢百骸，如同纵横交错大地上的河流，构成了复杂的物质交换网络。在长期的医疗实践中，形成了由十四经脉、奇经八脉、十五别络、十二经别、十二经筋、十二皮部以及孙络、浮络等组成的经络理论，总结了 361 个腧穴以及经外奇穴等知识，并发现经络与穴位间的联系规律，由此产生了一套治疗疾病的方法体系。这无疑是中华民族智慧的结晶，也是全人类文明的瑰宝，应该受到更好的保护与利用。

"院长，好消息！第二届国医大师评选结果公示了，您榜上有名！"秘书马泰得到了石学敏当选国医大师的消息，兴奋地来到他的办公室，把这个欣喜的消息带给石学敏。

此时，石学敏正在案头耕笔不辍，整理着实践经验和学术思想，他手中的笔没有停歇，对马泰说："这是国家对中医针灸的重视。对我个人而言，这是对既往工作的奖励，只是说明过去的时间，我没有虚度。"

石学敏接着说："1964年，全国遴选了16个人到北京参加全国针灸研究班。当时的授课专家已经八九十岁了，但他们的技艺确实高超，在那里我学到了很多。党和国家把我培养成为新中国第一代针灸专家，现在我的责任是把学术传承下去，把我掌握的知识告诉更多人。"

2014年10月，人力资源和社会保障部、国家卫生和计划生育委员会、国家中医药管理局共同在北京举办第二届国医大师表彰大会，授予石学敏等29人国医大师荣誉称号。那一年，石学敏已经77岁高龄，在北京人民大会堂、国医大师表彰大会现场，他代表第二届当选国医大师的专家学者发表了获奖感言：

尊敬的各位领导、同人：

大家好！

今天我站在这里，代表各位国医同道，接受党、国家和人民对我们的表彰，我感到万分荣幸。日月轮回，岁月沧桑，中医在浮沉之中终于辉映于当今之世，在国内生根结果，在国外开枝散叶，这离不开民族之拥护，更离不开党和国家的鼎力扶植。

我与在座的许多老中医一样，杏林耕耘几十年，回想从医之路感慨万千。我出生在一个农民家庭，小时候农村医疗条件很差，每暴发一场瘟疫都会夺去许多人的生命，所以从那个时候开始，我就萌发了向疾病宣战的念头，希望自己能在医学方面有所成就。

1957年我考入刚刚建立的天津中医学院，成为新中国最早的一批中医大学生。1964年，我作为优秀人才被派到北京读针灸研修班，从此开始研习针灸，并以此作为我一生的事业。

20世纪60年代末期，我被派往阿尔及利亚等国从事国际间的医疗工作。在此期间，为众多外国友人治愈了多年的顽疾，为祖国争得了荣誉，开创了我国的"医疗外交"，受到了国家的表彰。

70年代初，我拒绝了德、法等国医疗机构的高薪聘请，毅然回到了生我养我的天津。回国初期我院针灸科已被关闭，学科发展处于低谷，在逆境中我顶住压力，决定重建针灸学科。我们提出了"发展在门诊，成功在病房"的发展战略，1972年，我们靠着七八个医生，几架老旧的显微镜建立了全国第一个针灸病房，设病床40余张，一年以后针灸病床增加到72张，同时在国内中医医院中率先建立了"电生理室"；1985年又首先建立了针灸学科"CCU"病房。之后，针灸学科的迅速发展给医院的发展带来了生机，1986年由卫生部和天津市政府出资建立天津中医学院第一附属医院。1990年现鞍山西道院区落成，一所以针灸为特色的现代化中医医院拔地而起，针灸病房增至244张，成为医院的龙头科室。从此，针灸学科的发展如虎添翼，迅速壮大起来。针灸学科组建了老年病研究室、分子生物学实验室、动物模型实验室等，形成了一个完整的针灸医疗、教学、研究体系。随着针灸学科的不断发展和壮大，原有的病床已经不能满足临床医疗需求。经过充分的研讨，为了满足患者的需求，提高医疗环境和服务质量，医院总体规划筹资，在鞍山西道院区基础上建立以针灸为主的国际医疗康复大厦，并于2000年建成。针灸病房增至近600张病床，成为国内最大的针灸临床、教学和科研基地，被国家中医药管理局确立为"全国针灸临床研究中心""全国针灸专科医疗中心"。针灸学科被教育部和国家中医药管理局、天津市教委及卫生局确立为重点学科，从而确立了针灸学科在全国的领先地位，成为当代中国针灸临床发展水平的标志。

回望历史，我们所做的一切都离不开党和国家的支持与关怀。今天，党和国家又给予我们至高的荣誉，使我们这些老知识分子备感亲切。我们深深地知道国家开展国医大师的评选工作意义重大，它是对古训"有志者事竟成"的最好的诠释，是对"天道酬勤、业道酬精"的最好的奖赏，是对为人类社会作出巨大贡献的中医事业的最好的肯定，同时也给那些辛勤耕耘在中医事业上的后来者展现了美好前景。

近年来国家陆续出台了许多关于扶持和促进中医药事业发展的政策，让我们看到了希望，增强了信心。但是我们也清楚地知道，未来我们要走的中医之路仍很艰辛，探索如何加强中医药文化的发展与创新，使之更大步走向世界，服务全人类。为此我们仍需继续努力，要夯实中医人的中医药思想文化基础，增强中医意识和中医观念；不断扩大中医药的覆盖面和影响力，使人民群众享受到更好的中医医疗、保健、康复和养生服务；全面提高中医医院整体诊疗服务水平和核心竞争力，促进中医医院又好又快和全面协调发展。

莫道桑榆晚，为霞尚满天。我将以老骥伏枥之志，将国之精粹发扬光大，将医之精华传达于世界，将传道授业作为毕生之追求。我愿意继续为祖国的中医之发展，人才之培养发挥自己的余热，力虽绵薄，志却甚坚。

再一次感谢党、国家和人民对我们的表彰，借此机会，我还要谢谢我的所有患者，是你们的信任让我感受到从医是一项悬壶济世、治病救人的崇高事业，医者当以仁心仁术、孜孜以求。

最后，我衷心地祝愿祖国的中医药事业繁荣昌盛！祝各位领导、各位国医同道身体健康、工作顺利！

谢谢大家！

二〇一四年九月

作为中国工程院院士、国医大师、国家级非物质文化遗产项目"针灸"代表性传承人石学敏，他这样说："把中医针灸传承好继承好，让这一特色突出、优势明显的中医技艺更好地为中国人民和世界人民服务。"

中医药是中华优秀传统文化的重要载体，为中华民族繁荣昌盛作出巨大贡献，对世界文明进步产生积极影响。2006 年，中医针灸被列入第一批国家级非物质文化遗产名录；2010 年，中医针灸被列入人类非物质文化遗产代表作名录；2011 年，《黄帝内经》《本草纲目》被联合国教科文组织列入世界记忆名录，《国际疾病分类第十一次修订本（ICD-11）》首次纳入中医药传统医学章目。这些都显示了中医药未来发展的无限可能。

俯仰针灸学术发展千年，岐黄道术，薪火相传。学术传承如何弦歌不辍，思接千载，是当代学者面临的命题。凡益之道，与时偕行。传承需要巧借创新活水，融合新思想、新理论、新方法，才能铭刻辉煌过去、引领当下征程。在不断传承与创新中，让古老针灸疗法焕发新的光彩与活力，让学术之风山高水长！

运筹帷幄，再上层楼

鹅毛样的雪花，飘舞了整天，夜晚雪后初霁，皎洁一片，更显得沉静无垠。

天津中医药大学第一附属医院南广场零星停放着晚归的车辆，西侧的会议室依旧灯火通明。会议室内"U"形桌面上数台打印机、一摞摞崭新的打印纸、文件袋正严阵以待，房间角落里的盒饭还是送来时的样子，无人问津，会议室内键盘敲击声此起彼伏，组成了雪夜的协奏曲，墙上钟表的时针已指向午夜 11 点。

2017 年 12 月 13 日，距离天津中医药大学第一附属医院向科技部正式递交国家中医临床医学研究中心申报书还有不到两天时间。

国家中医临床医学研究中心是面向我国疾病防治需求，以临床应用为导向，以医疗机构为主体，以协同网络为支撑，开展临床研究、协同创新、学术交流、人才培养、成果转化、推广应用的技术创新与成果转化类国家科技创新基地。

中医药作为中华文明的瑰宝，凝聚着中华民族的哲学智慧和数千年的健康养生理念和实践经验，为进一步发挥中医药在治未病、重大疾病治疗、疾病康复中的重要作用，实现中医药健康养生文化的创造性转化、创新性发展，国家中医临床医学研究中心要在此批次规划中完成布局建设。

2017 年 11 月 15 日，科技部正式发布了国家中医临床医学研究中心申报通知，要求各申报单位在 2017 年 12 月 15 日正式向科技部中国生物技术发展中心提交申报书。12 月 13 日是天津中医药大学第一附属医院申报前最后一次专家论证会，医院邀请了天津市卫生和计划生育委员会、天津中医药大学的多名专家参与了方案讨论。

"院长，申报材料您带着改了几天，这都几点了，您该休息了。"石学敏的秘书马泰已经提醒了几遍，石学敏还没有结束工作的打算，马泰只好再次提醒。

"如果申报成功这将是针灸学科发展新起点，所以这次申报志在必得，申报书还有再完善的空间，我再看看。"石学敏回复道。

2017 年 7 月 26 日，天津中医药大学第一附属医院正式启动国家临床医学研究中心申报工作，请石学敏组建申报团队；2017 年 8 月，医院印发了《关于成立国家临床医学研究中心申报工作领导小组和申报小组的决定》，确定中心申报工作组织架构，由石学敏院士、张伯礼院士任专家指导，医院党政领导负责统筹协调各方支持，石学敏的学生王舒副院长作为中心申报工作牵头人出任针灸中心申报组组长。

在申报初期，石学敏带领专项申报组仔细研读了申报政策，从重大疑难疾病临床实际需求出发，突出针灸学科优势，制定研究任务，拟定申报书撰写大纲。申报书草稿石学敏看了一遍又一遍，针对建设规划逐项对照。今天他拿着最新版本逐字逐句地审阅修改，力求将申报书的每个细节打磨得尽善尽美。石学敏虽已逾耄耋但精神十足，连续鏖战了十几个小时仍思路清晰。不过他毕竟已是高龄老人，这样强度的工作，着实让人担心。

"王舒，你来一下，第三项这样改，突出重点，进一步明确针灸学科前期的工作基础，第五项表述方式可以换一下……"石学敏还在指导学生王舒，为完善申报书进行着修改。

由王舒带领的申报组根据石学敏等专家的审读意见，一丝不苟地将申报书整理完善。他们废寝忘食，转眼已时至午夜，会议室依旧亮如白昼。

窗外，不知何时雪花又开始肆意飘洒，轻盈翩跹，路灯昏黄的光晕映射出雪花划出的弧形轨迹，雪夜风霰，忙碌的人们通宵达旦，迟迟未有归家之意。

不谋全局者，不足谋一域。学科发展的战略布局，要从全局视野和长远眼光把握事物发展总体趋势和方向，研判时代形势，透过纷繁复杂的表面现象，把握本质和发展的内在规律，最终才能实现一个学科的发展与战略突破。石学敏在针灸学科重建之初，就提出"培养一支过硬的技术队伍，建设一个针灸基地，以高新技术实现中医针灸的现代化"的总体战略部署。

　　基地建设是学科发展程度的重要标志之一,从 1972 年开始,针灸科先后建立电生理室、心血管重症监护病房（CCU）;1991 年住院床位增至 240 多张,2000 年建成了以针灸为主的国际医疗康复大厦,进一步提升了医疗服务能力,针灸住院床位增至 600 余张。针灸学科先后被国家中医药管理局确立为全国针灸临床研究中心、全国针灸专科医疗中心、全国针灸重点专科。

　　针灸学科的积淀,正是在石学敏高瞻远瞩的战略规划中与时俱进,他科学辩证思考,一步一个台阶,使天津针灸学科异军突起,达到国内领先水平。

　　光阴流转,已时至盛夏,国家中医针灸临床医学研究中心申报工作有了新进展,经上级部门通知,2018 年 8 月 28 日在天津市科技局进行

2017 年 8 月 28 日国家中医针灸临床医学研究中心申报视频答辩现场,石学敏（前排左三）与申报组成员合影

申报工作的视频答辩。

在向科技部递交申请后几个月，由石学敏的学生王舒领导的申报组成员并未停止申报准备工作。一次次专家论证、几十次方案修订，王舒带领核心申报成员夜以继日，就临床研究方向、中医标准化建设、针灸高层次人才培养、技术推广机制、学术影响等建设目标，细化方案内容，甚至每一张图片、每一个标点符号都经过精心打磨。申报方案终于日臻完善，初具雏形。

"老师，申报工作您一直全程指导，准备已经很充分了，视频答辩由我们来完成吧。"石学敏的学生王舒对申报方案了然于胸，并且也进行了多次预答辩。盛夏酷暑，八旬高龄的石学敏布置申报工作，带领申报组苦战，凡事亲力亲为，如此苦战已有月余，作为他的学生实在不忍老师再操劳。

"做事情就要一鼓作气，这次申报必须成功，成败关系到针灸学科的未来，也是建设、发展针灸学科千载难逢的机会，不能有丝毫偏差。明天我自己来答辩。"

本次申报答辩的规定时长是 20 分钟，如何在有限的时间内，将天津中医药大学第一附属医院针灸学学科发展历程、工作进展、愿景规划一一展现，内容清晰、逻辑缜密的方案是必要的，作为答辩汇报人，方案详略的侧重、汇报节奏的掌控，同样是汇报引人入胜的关键。虽然申报组已经为每一张演示文稿做了详细标注，为了汇报更加精彩，在此基础上石学敏又做了进一步修饰，他拿着秒表一遍一遍地排练，精确测算每章节、每篇内容的汇报时间。

下午，石学敏和申报组成员一同来到天津市科技局，他们对演示文稿中每一章节的内容格式进行了仔细地核对，为第二天的正式答辩做最后的准备。

酷暑难耐，清晨便已觉湿气蒸腾，闷热异常。

石学敏的学生王舒、杜宇征早早在老师家楼下等候，今天是国家中医针灸临床医学研究中心正式申报答辩的日子。距离答辩开始还有一段时间，他们二人并没有着急上楼迎接老师，连日的繁重工作，石学敏腰疼的毛病又犯了，他们希望老师尽可能多休息一会儿。

此时，一位身姿挺拔的老者迎面走来，他身着白色衬衫、系着墨蓝暗纹的领带，胳膊上搭着黑色西装，迈着稳健的步伐，这位正是他们的老师石学敏。他站姿笔直，根本瞧不出昨天还腰疼得坐立难安。王舒、杜宇征二人赶忙下车，迎着老师走去。

"老师，您怎么不给我们打个电话，您的腰好点吗？"杜宇征打开车门搀扶老师坐下。

"这个腰疼是老问题了，天气不好常犯。我猜你们就在楼下等了，就先下来了。"石学敏对二人说。车子缓缓发动，师生几人驶向答辩现场。

不一会儿他们到达天津市科技局答辩现场，申报组答辩成员早早等候，整齐就座，工作人员已将网络连接妥当，等待答辩主持人的指令，石学敏在准备席就座，翻阅着做满笔记的申报材料，虽然这些内容早已了然于胸，但石学敏仍旧认真翻看，做最后的准备。

"下面请国家中医针灸临床医学研究中心申报单位天津中医药大学第一附属医院做视频答辩。"在答辩主持人的指引下，申报答辩正式开始。

"各位评审专家，大家好，我是天津中医药大学第一附属医院名誉院长、针灸学科学术带头人石学敏，今天由我来做此次国家中医针灸临床医学研究中心申报答辩……"

2019 年 9 月石学敏（右五）参加国家中医针灸临床医学研究中心启动仪式

石学敏的答辩行云流水，如数家珍地将针灸学科多年的积淀，脉络清晰、逻辑缜密地向评审专家做出详尽汇报。在答辩中，石学敏凝练了中医药发展关键问题，阐述了国家中医针灸临床医学研究中心规划建设方案，描绘了中医针灸与现代科技手段、现代健康理念相融相通的发展愿景。

"感谢各位专家的聆听，汇报到此结束，谢谢！"石学敏终于结束了答辩。

申报答辩过程正好 20 分钟，待工作人员断开了视频连接，石学敏鬓边已淌下串串汗珠，他一手撑着桌子，站起身，看得出他已经忍着腰痛许久了。

"好了，视频答辩结束，大家这段时间都辛苦了，好好休息，我们期待好消息。"石学敏对申报成员说。

终于，不负众望，经过综合评审，科技部、国家卫生健康委、中央军委后勤保障部和药监局确定了第四批国家临床医学研究中心的建设

国家中医针灸临床医学研究中心启动仪式上天津中医药大学为针灸中心赠送针灸铜人，右一为石学敏，右二为张伯礼

依托单位，科技部社会发展科技司于2018年11月15日发布了《关于第四批国家临床医学研究中心评审结果公示的公告》，天津中医药大学第一附属医院榜上有名！

天津中医药大学第一附属医院被确定为中医领域针灸（特色疗法）国家临床医学研究中心建设依托单位，由石学敏担任国家中医针灸临床医学研究中心主任。

2019年9月7日，天津中医药大学第一附属医院行政楼回荡着慷慨激昂的讲话声。

"国家中医针灸临床医学研究中心将以'资源整合、优势互补、系统攻关、共建共享'为指导思想，建立覆盖全国的协同创新网络，开展针灸干预中风病、高血压、血管性认知障碍和肿瘤放化疗毒副反应等重大疾病的临床循证研究，培养人才和创新团队，打造国家中医针灸临床医学和转化研究高地！"

语毕，会场掌声经久不息。

这一天，国家中医针灸临床医学研究中心启动会在天津中医药大学第一附属医院礼堂召开，张伯礼院士、郝希山院士、刘昌孝院士等专家应邀出席，来自全国30多个省、自治区、直辖市的100多位针灸创新协作网络成员单位代表云集天津，共同探讨中医针灸学科建设与发展的方向。刚才正是石学敏的学生、国家中医针灸临床医学研究中心副主任王舒向与会嘉宾介绍国家中医针灸临床医学研究中心建设思路及基本情况。会上，天津中医药大学向国家中医针灸临床医学研究中心赠送了针灸铜人。

国家中医针灸临床医学研究中心成立后，医院多次组织中心方案论证会、学科建设与发展论坛，并邀请国家神经系统疾病临床医学研究中心副主任王拥军教授、中国工程院院士韩雅玲教授对中心建设工作提出指导意见。

中心成员还走访了北京天坛医院、上海交通大学医学院附属瑞金医院、四川华西医院、天津医科大学附属肿瘤医院等多

石学敏（左四）在三峡院士林合影

家已获准批复建设的国家临床医学研究中心依托单位。根据上述单位的建设经验，制定了针灸特色突出、精准严谨的中心建设方案。

国家中医针灸临床医学研究中心成立以来，立足行业引领，进一步加强整体布局，优化资源配置方式，完善运行管理制度和机制，构建衔接紧密、转化顺畅、协同整合、服务基层的医学科技创新体系，加快推进中医针灸医学领域的创新突破和普及推广。

国家中医针灸临床医学研究中心逐步完善全国 31 个省、自治区、直辖市及国际针灸创新协作网络构架布局，打造了辐射范围最广的针灸创新协作网络，现拥有全国近 200 余家成员单位，覆盖全国 31 个省级行政区；集全国针灸研究资源，推进针灸防治重大疾病研究，促进了针灸研究成果的转化应用；已发布世界中医药协会联合会国际组织标准

石学敏（右二）与针灸学科团队录制电视节目

《国际中医技术操作规范 醒脑开窍针刺法治疗中风》，为海内外针灸从业者提供了"醒脑开窍针刺法"治疗中风病的操作规范；并在全国推广针灸适宜技术，促进针灸同质化及优质针灸资源下沉，同时成功举办了第15届中国·天津国际针灸学术研讨会，开展国内外针灸学术交流活动。

万山磅礴，必有主峰。

在天津中医药大学第一附属医院针灸学科发展征程中，石学敏是最优秀的舵手，他精准地掌握着方向，凝聚针灸学科的磅礴之力，使天津针灸异军突起，成为针灸行业的"航空母舰"。

逆境崛起，坚持不懈。20世纪70年代初，针灸学科艰难起步，石学敏提出了针灸学科发展蓝图：10年之内，我们向全国学习，10年之后，全国向我们学习，最终要组建一支针灸学科的技术精英队伍，打造一个具备医疗、教学、科研全方位功能条件俱优的基地，引进一批国际先进水平的检测研究设备，争取取得高质量研究成果。

学知识、抓技术，石学敏带领针灸队伍，坚持近10年，青年医生每天工作12个小时，进行4个小时的业务学习，无节日无假日。中医、西医、基础医学、社会科学，只要对针灸学科发展有意义的知识技术，都认真学习，严格考核。仅仅数年，一支知识结构多元、技术精湛的精英队伍已具雏形。

顺境腾飞，大展宏图。1985年针刺治疗中风病、针刺手法量学研究获得卫生部科技成果奖；1989年成为全国针灸临床研究中心；1991年成为全国中医针灸专科医疗中心；1995年针刺治疗中风病的临床观察和实验研究获国家科技进步奖，天津针灸学科受到国内瞩目；1996年成为天津市卫生系统重点学科、天津市高校重点学科；2002年相继成为教育部重点学科、国家中医药管理局重点学科、国家中医药管理局全国中医重点医疗专科，被授予针灸项目博士后工作站，成立天津市针灸研究所；2009 年又被确定为国家中医临床研究基地（中风病）。从临床走向基础，从经验走向理论，使针灸走上科学化、规范化的新路径。

2019 年，天津中医药大学第一附属医院成为我国针灸领域首个国家临床医学研究中心，现有针灸团队医技人员 400 余名，是拥有住院病床 1000 余张、16 个针灸病区以及针灸康复科、脑病介入科等 52 个诊室的大型专科。天津中医药大学第一附属医院针灸学科成为国内最大的针灸临床科研教学和国际交流中心，引领针灸行业发展。

国家中医针灸临床医学研究中心的申报成功无疑是一个新的起点。

针灸的传承和发展必须把握重要机遇、重点任务，坚持问题导向、目标导向，找到发展的着力点和落脚点。

党的十八大以来，以习近平同志为核心的党中央坚持中西医并重，把中医药摆在国家发展的重要位置，开启了中医药事业新的征程。国务院印发《中医药发展战略规划纲要（2016—2030 年）》，标志着中医药发展上升为国家战略。同时《中医药健康服务发展规划（2015—2020年）》等一系列文件出台，使得中医药发展环境更优化，政策更有力。

生逢其时，重任在肩。

针灸根植于中华文化，是传统文化的重要载体，在促进文明互鉴、维护人民健康等方面也发挥了重要作用。当前针灸在发展中也面临着诸多问题和挑战，全国针灸发展水平不均、基础研究薄弱、人才匮乏、创新能力不足，亟须把握针灸发展动向，探索针灸效应机制，加快针灸技术成果转化，使针灸进一步发挥在防病治病中的独特优势，与现代健康理念相融相通，为人民卫生健康事业贡献力量。

岐黄道术，传承永固

针灸的起源可追溯到新石器时代。远古时期中国人的祖先过着采食野果、茹毛饮血的生活，在打猎、劳作时碰到一些尖锐的物体（石头、木头等），刚好减轻了身体某个部位原有的疼痛，这种感性的认识慢慢变成自觉的过程，哪里出现疼痛，就用坚硬的石头、动物骨骼进行刺激，从而减轻痛苦。《山海经·东山经》曾记载："高氏之山，其上多玉，其下多箴石。""砭"在《说文解字》中为"以石刺病也"，这就是针灸治疗的最早证据。

古代社会经济的进步，为中医药的发展提供了物质基础，针刺工具由砭石、骨针发展到金属针具，特别是九针的出现更是扩大了针灸实践范围，促进了针灸技术的飞跃发展。

与此同时，针灸理论也不断得以升华，先秦名医扁鹊（秦越人）取

石学敏（后排右二）在技术推广时留影

外三阳五会治疗虢太子尸厥，使太子复苏，证明先秦时期针灸已应用于疾病的治疗。长沙马王堆三号汉墓出土的帛书《足臂十一脉灸经》《阴阳十一脉灸经》，成书约在公元前168年以前，是现存最早的经络专著。再到春秋战国时期，治病的经验上升成理论，形成了《黄帝内经》，标志着较为成熟的针灸理论体系已初步形成，尤其是《灵枢》部分，着重介绍了经络、腧穴、针具、刺法及治疗原则等，为后世针灸学术的发展奠定了基础。

成书于战国时期的《难经》，以阐明《黄帝内经》为要旨，其中关于奇经八脉的论述，更补充了《黄帝内经》的不足。时至晋代，皇甫谧将《黄帝内经》中有关针灸的内容进行系统梳理，著成《针灸甲乙经》，是我国现存最早的一部针灸学专著，确定了人体穴位总数，阐明了腧穴性能，此书是推动了针灸学发展的又一里程碑。到了宋代，王惟一撰《铜人腧穴针灸图经》，主持铸造针灸铜人，成为最早的针灸教育考试工具。

时至明代，《针灸大成》将针灸学发展推向一个新的阶段，是针灸学的又一次重要总结。其较为全面地论述了针灸理论、操作手法，收载了众多针灸歌赋，重新考订了穴位的名称和位置，记载了多种病症的配穴处方和治疗验案。自明万历年间刊行以来，平均不到10年就出现一种版本，该书翻刻次数之多、流传之广、影响之大、声誉之著，实属罕见，是一部蜚声针坛的经典著作。此书具有国际影响力，已有日、法、德等多种译本。

《针灸大成》的作者杨继洲，是明代针灸学之集大成者，世代皆任太医院医官。杨继洲针灸学造诣精深，广收百家之长，对针刺得气、手法、透针刺、疗程、晕针等具体问题有一定的见解，其对针刺补泻强弱的认识对后世针刺手法刺激量的观念产生了深远影响，从而奠定了"针圣"的地位。

现浙江省衢州市衢江区，便是"针圣"故里。

2018 年 11 月 1 日，16 点 49 分，从杭州驶来的高铁专列缓缓进入衢州站站台。车门打开，联合国前秘书长、博鳌亚洲论坛理事长潘基文走出列车车厢。

"乘高铁来衢州，非常快，路上也很舒适。"潘基文穿过衢州站站台对前来接待的工作人员说。

潘基文此行将考察中国（衢江）中医针灸传承创新试验区，并在第二届世界针灸康养大会上发表主题演讲。为期三天的大会包括"针圣"杨继洲祭拜大典、针灸产业分论坛、杨继洲针灸文化传承座谈会、中医康养产业博览会等多项议程。

11 月 2 日，伴着古朴庄重的乐曲，潘基文与现场参祭人员共同缅怀"针圣"杨继洲。祭拜大典后，潘基文来到杨继洲针灸博物馆。

在参观过程中，他对工作人员提出这样一个要求："这几天我了解了很多关于杨继洲和针灸的知识，我很想亲自尝试一下针灸。"

中国工程院院士、国医大师石学敏也应邀出席了本次大会，并作为专家学者陪同潘基文参观杨继洲针灸博物馆。随即工作人员找到石学敏，向他说明了潘基文的想法，石学敏欣然应允了，同意为潘基文针刺，帮助他体验针灸。

工作人员准备好针刺场所及必要工具，潘基文和石学敏分坐在条案的两端。

"潘基文先生，您将手放在脉枕上，我先给您把把脉，了解一下您的身体情况。"石学敏说。

潘基文将右手放在脉枕上，手掌先是朝下，石学敏把潘基文的手

石学敏（左）为潘基文（右）针刺

掌向上翻了过来。一旁的翻译人员向潘基文介绍，中医脉诊，不同于现代医学应用听诊器，而是用手指按脉，根据脉象来诊断疾病。

"潘基文先生，这是您第一次体验针灸，请放松一些，我现在为您施针。"石学敏说。

石学敏为他选择合谷穴，在手背拇、食指之间，这是针灸要穴之一。潘基文面色略显紧张，他转过脸，右手握成拳，先用力闭眼两次，随即放松下来。留针片刻后，针毕取出，潘基文向石学敏颔首微笑，用清晰的中文对石学敏说了句"谢谢！我感觉很好！"

他转身对随行的翻译说："这是很神奇的体验，开始觉得针刺局部有点酸、有点胀，接着又觉得舒适轻松。"

午餐席间，潘基文还在向周围的人展示自己体验针灸的位置，他认可针灸的养生保健效果，并与身边的针灸医师交流，了解了简单的养生按摩手法。当得知早晨起来可以轻拍手肘周围，对身体也有好处后，潘基文当即轻轻按了按自己的手肘，并示意身旁的太太柳淳泽女士一起学习。

第二届世界针灸康养大会启动了"杨继洲针灸康养全球行动"计划，潘基文发表了题为"共同推动联合国 2030 可持续发展目标的实现"的主题演讲，他表示《针灸大成》是中医瑰宝，为世界人民留下了宝贵的精神和物质遗产，"杨继洲针灸康养全球行动"计划的实施，将有力地推动 2030 可持续发展目标的实现，为全人类的健康创造福祉，希望针灸能为促进人类健康、改善全球卫生问题作出更大贡献，实现人人享有健康的美好愿景。

石学敏在会上宣读了《中医针灸健康全球——2018 第二届世界针灸康养大会衢江共识》（以下称《共识》）。《共识》提出配合"一带一路"倡议，促进中医针灸与沿线传统医学的融合，构建规格更高、覆盖面更广、层次更多的中医针灸国际化合作平台。

当日 12 点 46 分，潘基文再次来到高铁衢州站。他将乘坐专列离开衢州。登上列车后，他隔着玻璃，向衢州工作人员行了中国传统作揖礼。

临别前他向衢州的工作人员赠送了特殊的礼物——以毛笔亲手书写的"杨继洲针灸"几个汉字，并附有中文落款"潘基文"和书写时间。第八任联合国秘书长潘基文在衢州的 20 个小时中把了脉、扎了针，还写下一幅书法作品，以表达对杨继洲，对针灸——这一中华文明瑰宝的敬意。

清初至民国，针灸学历经几度风雨。清朝道光年间废止针灸，西学东渐，西医在中国迅速发展，民国政府下令废止中医。中医学发展动荡停滞，遭受摧残。尽管如此，针灸因经济实用、效果迅速等优势深入人心，在民间仍广为流传。抗日战争时期，陕甘宁地区缺医少药，中医药成了维系人民生命安全的重要保障。

新中国成立后，针灸获得新生，新型针具的研制为针灸疗法的发展创造良好条件，并建立了针灸高等教育教学制度；结合先进技术，广泛开展了针灸临床及基础研究、标准化研究，取得了丰硕成果。特别是针灸麻醉机理的研究，引发了国际社会的广泛关注，掀起了数次针灸热潮。

1987 年 11 月 22 日，由中国牵头，在世界卫生组织的帮助和中国政府的支持下，世界主要国家和地区的针灸团体在经过 3 年的筹备，共同发起和成立了世界针灸学会联合会。这标志着全世界的针灸从业者第一次联合起来，迈向世界的脚步更加坚定，针灸逐渐成为世界医学不可分割的组成部分。

中医药核心价值体现了中国传统医学对生命观、疾病观、保健观的认识，是中医药生生不息的灵魂。将中医药文化核心价值内化于心、外化于行，有助于增强中医药文化自信，有利于中医药国际文化传播，使更多的国内外人士认同中医药，也可以让不同文化背景下的民众更容易理解中华优秀传统文化，更广泛地使用中医药，提升我国的文化软实力。

随着针灸在世界范围影响力日益提高，针灸从业者之间的联系日益密切，各界对设立针灸纪念日的呼声越来越高。2011 年世界针灸学会联合会在巴西召开国际针灸学术大会，来自世界各地的针灸专家学者共聚一堂。世界针灸学会联合会借此契机，提议将每年的 11 月 22 日，也就是世界针灸学会联合会的诞生日作为"世界针灸日"，并最终获得通过。2013 年，世界针灸学会联合会又将每年 11 月 16 日—22 日定为"世界针灸周"。

2021 年 9 月，石学敏的秘书马泰接到一通电话。世界针灸学会联合会的工作人员想请马泰转告石学敏，2021 年是第八个世界针灸周，他们有意策划制作一部针灸宣传片，石学敏作为现代针灸的标志性人物，被邀请参加拍摄。

一天，石学敏正在门诊应诊，马泰前来请示关于世界针灸学会联合会的拍摄邀约。

"我们简单看看脚本，宣传针灸这个立意是好的。"石学敏说。

秋日清晨，太阳在云端踌躇，透过淡金的霞光，大地被薄雾笼罩，晨风褪去暑热，带来阵阵的清凉。天津中医药大学第一附属医院院史馆内一早便忙碌起来，世界针灸学会联合会的工作人员拉着拍摄仪器进进出出，对着光线左右比较，寻找着最佳机位。

石学敏已经换上了崭新的白大褂，在马泰的陪同下，来到拍摄现场。

"石老好！好久不见，您还记得我吗？之前在浙江衢州，跟您见过面。"现场执行导演随即迎上来，向石学敏问好，并做拍摄前的沟通。

"石院士，您是国家级非物质文化遗产针灸项目代表性传承人，您看这样的情节设计好不好，围绕着天津中医药大学第一附属医院院史馆展馆陈设，请您来为学生们讲述院史馆藏品背后的故事。我想这些故事不只是天津中医药大学第一附属医院针灸学科的奋斗史，也不只是中医药大学第一附属医院的发展史。这些故事与当代针灸学发展、针灸的国际化之路密不可分，所以我们最终选择在这里取材拍摄。"

"那就根据你们的想法，我们开始吧。"石学敏答复道。

在摄像机的记录下，石学敏为他的学生如数家珍地讲述院史馆馆藏。这里有锈迹斑驳的针具、泛黄的证书、来自大洋彼岸的捐赠和感人至深的信件……

光阴沧海，记录医者仁心；岁月长轴，观照学人之志。击鼓催征，环环相扣，不变的是蹄疾步稳；宏图韬略，高屋建瓴，一路势如破竹，成就如今的伟业。

"好的，结束！辛苦石老，辛苦各位老师！"

随着石学敏讲到最后一件藏品，现场执行导演对石学敏说："石老，作为本次采访的结束语，最后一个问题：您是国医大师、中国工程院院士，您开创了现代针灸的崭新篇章，对后辈您有什么寄语？"

"现在我们已经欣喜地看到，中医针灸在国际上应用更加广泛，这说明它确实能解决问题，针灸已经成为世界人类保健必需的一个治疗手段。我祝愿中医针灸在国家的大力支持下，服务于中国人民、服务于全世界人民，取得更加光辉的成绩。我有个愿望，相信必将会实现：全世界有人的地方，就有中医，就有中国针灸！"

附

录

石老行医六十年赞

中医泰斗
国医大师
石氏针灸
学识超群
敏效睿智
针道国粹
神州传扬

刘保延

壬寅年孟秋
于京华

刘保延，国际欧亚科学院院士，世界针灸学会联合会主席，中国针灸学会会长，中国中医科学院首席研究员

我眼中的石学敏院士

——武连仲采访实录

武连仲

武连仲简介

主任医师、教授、硕士生导师，全国名中医，全国第六批学术经验传承指导老师，中国民族医药学会针灸分会顾问。国家中医针灸临床医学研究中心顾问。荣获国家级、省部级科研成果奖多次，《汉英双解针灸大辞典》副主编，参与编写 20 余部著作，出版《针灸新悟》《中国针灸妙论技法》《针灸神针妙论一隅》等专著，发表论文 50 余篇。

樊小农：武老您好！您是天津中医药大学第一附属医院针灸学科与石院士共同创业的一代，请您谈谈您眼中的石学敏院士。

武连仲：首先祝贺我们的石院长，也是针灸学科学术带头人从医执教六十周年！

我作为石院长的老部下、针灸学科老一代奋斗者之一，亲历石院长的奋斗历程，感悟颇深。石院长全身心投入中医针灸事业，几十年如一日。我亲眼见证针灸学科的发展、天津中医药大学第一附属医院的发展，至今谈起仍尤为感动！

针灸科在 1972 年重新建立，最初只有几十个人、4 个病区，发展到现在 400 余人的医护团队，并成为全国唯一的国家中医针灸临床医学研究中心，是石院长奋斗 60 年的硕果，其中过程非常艰辛。

比如我们在研究脑病、假性球麻痹、吞咽障碍的初期，为了搞好科研，石院长曾经"三上庐山"。当时国家组织权威专家学者论证我们申报的针刺治疗吞咽障碍科研项目。那时我们的科研工作才刚刚起步，从方案设计到实施都缺乏经验，专家提出许多修改意见。为请教学习、完善方案，石院长不辞辛苦地带领课题组前后三次前往庐山专家组的驻地探讨切磋。这样的事例不胜枚举。

我们的医院——天津中医药大学第一附属医院经历了三次腾飞，从 20 世纪 70 年代的小木楼，到现在以中医为特色的现代化诊疗基地，这离不开石院长的治学精神、工作态度、管理能力。跟随他工作多年，我本人感悟颇深，可以说非常折服。

樊小农：武老，您刚才提到"三上庐山"的故事，在20世纪70年代，中医学界对科研工作的认识并不充分，石院士是如何高瞻远瞩，带领团队开始科研工作的？

武连仲：一个科室的发展、一个学科的发展，离不开科学研究，学科的发展进步，科研工作不可或缺。我们针灸科对科研工作历来相当重视。

石院长带领我们从临床实践中发现问题，思考问题，研究问题。比如中风后吞咽障碍，它是中风的并发症，那么这个病的病机是什么？治疗关键在哪里？我们应如何选取针刺处方？思考的过程就是科研的过程、提高的过程、解决问题的过程。石院长为大家指出发展的前景和方向，他曾说："我培养你们作为团队的中坚力量，你们要增加知识储备，增强科研意识，解决临床问题，最后用科研成果指导临床工作。"

樊小农：武老，我听说石院士管理非常严格，在研究的关键时刻，甚至大年三十也曾让团队加班，是不是有这样的情况？

武连仲：这样的事确实存在。石院长认为搞科研、搞医疗工作，必须要有事业心。怎么体现事业心？必须全身心投入，这就包括在精神、思想和时间上的投入。人要做成一项事业，要肯努力，要肯花时间，要敢投入。石院长对我们说："事业心强表现在什么方面呢？表现在对事业无限的热爱上。"首先要热爱你的专业，对我们而言就是热爱针灸专业，只有这样才能发挥主观能动性。此外，坚强英明的领导和团结向上的团队同样重要。

石院长以身作则，"以院为家"。他没有节假日，我们以他为榜样。做科研项目要纳入几千例病例，中间不能停顿，大家昼夜筛查，经常周末、节日加班加点，甚至大年三十都在工作。有一次大年三十下午通知开会，我们没有一人缺席。在石院长的带领下，我们团队就具有这样强大的凝聚力！

我记得当时报社的记者，包括《人民日报》的记者，采访过我和针灸科的同事。记者们都很好奇，那时候出国机会很珍贵，但针灸科总有出国交流的机会，而且派出的工作人员都如期返回，没有一个人因故拖延。这是因为在天津中医药大学第一附属医院有我们的事业，有我们的针灸学科，而且我们大家在这里工作，有成绩、有收获、有快乐。

樊小农：武老，最后一个问题。我知道石院士专门把像您这样的专家请回天津中医药大学第一附属医院，继续为医院作贡献。对此，我想请您谈谈感受。

武连仲：这个情况是事实。这点体现了石院长对人才的培养和爱护。当时专家到了退休年龄，或回家养老或在其他机构任职，石院长认为这是人才的流失，坚决要纠正这种情况，亲自邀请我们继续为医院发挥余热。他还专门请我们大家吃了一顿饭，交流谈心。我们当时非常感动，感谢石院长对人才的尊重，大家感到自己有用武之地。这说明石院长对人才，不仅是培养，还有爱护、尊重。

樊小农：感谢武老，通过您的介绍，让我的眼前展现了一幅生动的画面——石院士引领具有强大凝聚力的针灸学科团队不断奋斗向前。我们很受启发，我们要以您们为榜样，为医院和学科的发展贡献力量！

武连仲：谢谢，大家共同努力！恭祝石院长身体健康，在针灸事业上继续当好我们的舵手、做好我们的旗帜！

我眼中的石学敏院士

——卞金玲采访实录

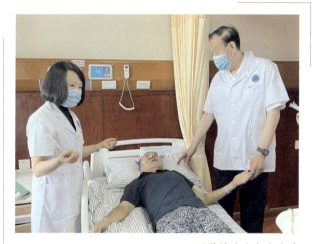

石学敏院士与卞金玲

卞金玲简介

国医大师石学敏院士学术第一继承人，主任医师、教授、硕士生导师，世界中医药联合会外治法操作安全专业委员会副会长，中国中医药研究促进会灸疗专业技术产业合作共同体副会长，天津中医药大学第一附属医院针灸特需病房专家，天津市干部保健处特聘专家，天津市针灸学会常务理事，国家中医针灸临床医学研究中心顾问。作为主要作者出版专著3部，发表学术论文30余篇，获得科技进步奖4项，取得科研成果3项，临床带教国内外研究生20余名。参与多项国家级、省部级课题，其中"醒脑开窍针法治疗中风病临床及实验研究"获1995年度国家科技进步三等奖及 1998 年度国家教委科技进步二等奖；"针刺治疗喑痱类噎膈 328 例临床及实验研究"获 1995 年度天津科技进步三等奖；"针刺治疗无脉症的临床研究"获 2001 年度天津市科技进步二等奖；"针刺治疗缺血性脑血管病的研究"获 2009 年度天津市科技进步一等奖。

戴晓矞：卞老师，您好！您是针灸学科资深专家，是创业的一代，为针灸学科的发展作出了卓越的贡献，我们习惯亲切地称您为卞老师。

今年是石学敏院士从医执教 60 周年，您作为石学敏院士学术思想第一继承人，请您谈谈您眼中的石学敏院士。

卞金玲：从 1973 年毕业至今，我跟随石院士学习已 49 年。你问我学习或者传承了石院士什么精神，我觉得首先是执着、认真，是攻坚克难的坚定信念。

1972 年天津中医学院附属医院院址还在多伦道，针灸科由新医科重新组建，石院士任针灸科主任。重建初期，石主任带领我们拼搏奋斗，积极开展医疗、教学、科研工作。

石主任以身作则，每天早上 6：30 准时到达病房，开始一天的工作。当时条件艰苦，人员紧张，甚至楼道病室的卫生、针具消毒整理，石主任都亲力亲为。年轻医生被石主任的工作精神所鼓舞，纷纷以他为榜样，勤恳工作。大家"撸起袖子加油干"，不怕辛苦，不讲条件，都很主动自觉地跟着石主任学习工作，做好科室建设。每周工作 6 天，每天工作 12 个小时，经常在不经意间工作到晚上 10：30，转天还要继续工作。我们收获了满足感、成就感，并不觉得苦，相反，感受到了快乐。但回望最初的十年，还是相当艰辛的。

石主任非常重视经典学习，"读经典、做临床"是年轻医生的学习任务。每天每个大夫要抄写 2000 字四部经典，比如《灵枢》。在科室墙上设有展示栏，对优秀的医生进行表扬，激励团队奋进。我们都是你追我赶，奋勇争先。所以这个团队一直是向上的、打胜仗的。

石主任的思维无疑是超前的，针灸科重建伊始，他就着眼人才培养、梯队建设，培养多层次学科人才，派青年骨干到中国人民解放军总医院肌电图室、北京阜外医院心血管科、北京宣武医院神经内科进修学习。有了这些多学科的中坚力量，针灸科率先成立了急症病房，后来这些骨干许多也成了知名专家学者。

戴晓矞：卞老师，在 20 世纪 70 年代，还存在"左"的思潮，我们一度还被批判是"走白专道路"。为什么针灸学科团队具有这样的凝聚力、号召力，自觉加强学习，投入学科建设？

卞金玲：这个问题非常关键，也非常有必要提出来。

在那个年代，石主任依旧很坚定，告诉年轻医生，要执着于专业。一名医生如果不学习，怎么进步？怎么治病救人？我们空喊口号是不行的，要学习，要执着于专业。

分享一个让我感触很深的事情。20 世纪七八十年代，每逢周末，石主任都会邀请天津医科大学解剖教研室教授、基础医学部教授，到我们科室给青年医生授课，讲授现代医学知识。有人认为我们是针灸医生，西医的理论知识对我们没有价值，但那时候石主任就开始要求我们中西并重，走中西医结合的道路。

戴晓矞：但那时很多中医专家会认为学习西医，中医就不纯粹，对此，当时作为青年医生的您怎么看？

卞金玲：我坚决支持石主任的观点。我们针灸科有病房，每当患者出现心肌梗死、呼吸衰竭的时候，必须应用现代医学手段，中西并重。

又如患者假性球麻痹、吞咽障碍导致卒中相关性肺炎，我们当然要抗感染、营养支持。这难道不是中西并重吗？当时我虽然年轻，但认为中西并重的方向是对的，石主任的过人之处在于，将中西医真正结合在一起。

到今年，我跟随石院士学习已49年，但我觉得自己还是个小学生。医学在不断发展、进步，我感到学习的必要性，传承、守正、创新的重要性。

我们有幸拥有石院士这样一位学科带头人，他带领我们一步一个脚印，实现了跨越式发展，走向辉煌。每谈及此，就不得不提到石院士的创新精神。石院士创立的"醒脑开窍针刺法"，治疗脑卒中效果立竿见影，缩短康复疗程，减轻了患者痛苦，减少了社会和家庭的负担。石院士和"醒脑开窍针刺法"是我们学科的宝藏，一定要把"醒脑开窍针刺法"继续传承并发扬光大。

戴晓矞：卞老师，您作为石院士学术思想第一传承人，在各地进行技术推广，惠及很多患者，其中有没有让您印象深刻的故事和我们分享。

卞金玲：3年前，我在深圳市中西医结合医院为一位脑梗死患者诊治。那名患者是女性，46岁，因房颤导致大面积脑梗死，发病后送往深圳市中西医结合医院治疗，行经皮颅内动脉取栓术，治疗后遗留失语、右侧肢体瘫痪、感觉功能障碍，请我会诊时患者还住在ICU，情况很复杂。我为她做了检查，患者神志清楚，但言语不能表达，右侧肢体肌力0级。

我准备为她治疗，ICU的专家们很好奇，或者说有些质疑，针灸是否如传说中那样疗效显著？在当时的氛围下我并不紧张，因为在全国各地乃至于世界，"醒脑开窍针刺法"的疗效让我很有底气。我对ICU专家说，我们石院士提出针刺手法量学理论，对针刺作用力方向、针刺作用力大小、施术时间、两次针刺间隔时间等针刺手法的四大要素进行了科学界定，这是量化的概念，如同你们用药有剂量、有时间间隔，我们针灸也是有的。

我以"醒脑开窍针刺法"为患者治疗，石院士的创新之处就在于明确的针刺处方和量效关系，首先针刺内关穴，捻转提插相结合的泻法施术1分钟。再刺入人中穴，人中穴也是醒脑开窍、调神的要穴，雀啄手法1分钟，以眼球湿润为度，这是最重要的；然后下肢取三阴交与皮肤成45度角，做提插补法。三阴交是肝经、脾经、肾经交会穴，采用提插补法，下肢抽动3次为度。再是委中穴，大家都知道"腰背委中求"，是要求患者取俯卧位，但是"醒脑开窍针刺法"要求病人仰卧位，抬起患侧的下肢，医生的肘关节顶住患者的膝关节，针刺委中穴以下肢抽动3次为度。

我对这名患者说，请你抬起腿。当时，那些医生都不相信，可以吗？我说你抬腿，病人当时抬离床面70~80度。

患者上肢瘫痪，我们取极泉穴。极泉穴在古医籍里记载，是禁针的，石院士取下极泉，做提插泻法以抽动3次为度，这都是经过研究证实，手法过度也不利于康复。患者上肢当即抬举过头，这就是立竿见影的效果。瞬间掌声响起，ICU主任说了实话，今天要不是看到现场演示，一直不相信针灸的疗效。

我问ICU主任一个问题，如果这个病人不扎针灸，那下一步怎么治疗呢？ICU主任回答说，下一步改善脑循环、改善脑代谢，以药物治疗。我继续问，医疗费用呢？他说，我们只有这种办法的确花费很大。

我一直是这样的观点，在病情允许的情况下，针灸治疗中风病要尽早干预，防止患肢肌肉萎缩、关节粘连，这样有利于患者早日康复。

在中医领域，石院士为国家和人民作出了巨大贡献，挽救了很多患者的生命。石院士从医执教 60 年硕果累累，他是我们学科的奠基人、领路人，我们永远都是他的学生，向石院士致敬、学习！

医学界的思想家、科学家、教育家、管理家

——记恩师石学敏院士从医执教 60 年

李 军

石学敏院士与李军

李军简介

主任医师、教授、硕士生导师，石学敏院士团队专家；天津中医药大学第一附属医院针灸部原副部长；石学敏中医发展基金会临床研究中心传承人；天津针灸学会理事；中国针灸学会刺络拔罐委员会副主任委员；天津市医学会超声医学分会委员；天津市超声工程学会委员；中国中医药卫生文化协会中医药分会常务委员；全国针灸标准化技术委员会委员。参与"973"计划、"八五"攻关、"十一五"攻关等重大课题研究。发表论文数十篇。

石学敏，一个极具影响力的名字。他是中医泰斗，针灸学巨匠，不仅在国内有极高的权威性，在国际医学界也颇具影响。我有幸 20 世纪 70 年代就师从于他，我的成长和学术的进步都离不开石学敏院士的教诲。静心回顾、认真思索，我认为石学敏院士的成就不仅在中国传统医学，他应该是医学界的思想家、科学家、教育家、管理家。

一、医学界的思想家

在科技高度发达的今天，任何学科的发展都需要多学科的协作与配合，如航天、人工智能、大数据发展等，无一不是如此。领军人就需要具备多学科的思维和宽广的胸怀，我们把这样的科学家就称为科学界的思想家。有了他们的思维模式，才能综合多学科的力量，取得跨越式发展，取得突破性的成就。"中西医并重"，就是要求所有的医学工作者放下芥蒂，敞开胸怀，为了人民健康，发展多学科合作，创建中国医学模式，不再存在中医不接受西医、西医排斥中医的现象，使中国人，乃至全世界都得到最适宜、最恰当、最完美的健康保障。石学敏院士自 20 世纪 70 年代已经开始了多学科合作模式，在当时顶住诸多的压力和不同的声音，一如既往地把针灸事业推向多学科发展。70 年代，一个只有 80 张床位、几十个医护的小科室"针灸科"，就成立了一个"电生理室"；1985 年又引进当时天津最先进的德国赫利格中心监护系统，成立了针灸科 CCU 病房。

20 世纪 70 年代开始，石院士把青年医师外派进修，学习神经内科、急救医学、医学影像学、电生理学、微创介入等，促进医院发展为多学科领先的综合性医院。石学敏院士的学科发展和医院建设模式至今仍然处于领先地位。石学敏院士的理念是"传承、发展祖国传统医学；引进、应用现代医学的优势技术"。所以说石院士是医学界的思想家，遵循他的思维模式，可以突破中西医之间的壁垒，走出中西医并重的道路。

二、医学界的科学家

中国传统医学理论源于朴素的哲学思想和大量的临床实践积累，中医具有非常好的临床疗效，但是缺少科学的依据和标准化。石院士从20世纪70年代已经开始了中国传统医学的基础研究，包括从临床研究到基础研究，从国内优势技术的应用到与国际发达国家的合作，从应用电生理、超声波、远红外测定等技术进行针刺疗效观察，到脑组织微循环、超微结构、基因水平研究，与天津医科大学、天津大学、南开大学合作，国际上与日本筑波大学、京都大学、德国慕尼黑大学、海德堡大学、法国基因公司等多个国家的教学和科研机构合作。石院士发表了许多颇具影响的论文。他第一个提出针灸手法量学理论，把中医药、针灸推向标准化、科学化，研发的丹芪偏瘫胶囊走向国际市场，所以说石院士不仅是中国传统医学的泰斗，同时他知识广博、思维活跃、胸怀宽广，是医学界的科学家。

三、医学界的教育家

新中国成立以来，有许多中医名医大家，如杨甲山、邱茂良、施今墨、萧龙友、孔伯华、汪逢春等。但是传承、延续其精髓者有限。石学敏院士自从医以来一直重视教学与传承工作。20世纪70年代，他作为科主任时，就要求年轻医生12小时工作制，每天晚上5点以后就是教学时间。他邀请全天津市著名的专家、教授为年轻医生授课。中医课有四部经典、脏腑经络、辨证施治、方剂配穴等，西医课有人体解剖、神经病学、生理病理、鉴别诊断等。每半年进行一次考核，排名列榜激励大家。可以说我们是受益最大的一批学生。80 年代以后，石学敏院士已经基本完成了他的教学体系探索，逐渐完善了教学资料，而后《石学敏针灸临证集验》《中医纲目》《石学敏针灸学》《针灸处方学》《常见病实用针灸配方》《脑卒中与醒脑开窍》等一批代表着石学敏院士学术思想、临床技能和实践经验的著作相继问世，为石学敏院士学术思想传承积累了大量的文献资料。

石学敏院士在兼任天津中医药大学教学副校长期间，进行教学改革，鼓励临床教学工作，提倡教学与临床紧密结合，有效提高了临床教学质量，提升了大学生的临床实践能力。20 世纪 90 年代以后"醒脑开窍针刺法""石氏中风单元""针刺手法量学"等研究成果多次获奖，石学敏院士的学生、弟子遍及全国乃至世界各地，石学敏院士的学术思想和临床技能得到广泛的赞誉。

四、医学界的管理家

石学敏院士做了 20 年的院长，把一个只有 250 张床位的中型医院，经营到拥有 1500 张床位的现代化大型中医医院，这是石院士医院管理能力的体现及其医院管理的理念、建院的初心和前瞻性思维的体现。20 世纪 80 年代初，石学敏院士就在思考中国医疗资源紧张的问题，提出开展业余医疗服务，采取"业余门诊"、家庭病床、无假日医院等多项举措。我院最高峰时可收治 1500 张家庭病床，不但解决了部分患者看病难的问题，同时降低了因疾病而引发的社会问题。一位记者在医院暗访了一个月，为中央写了一份内参：天津中医药大学第一附属医院在不增加国家投资、不要国家人员投入的前提下，医疗服务能力提升，等于多开设了一所中型医院。虽然在80年代初石学敏院士的医院发展理念还会受到一定的阻碍和非议，但他初心不变，一往直前，一切为了人民的健康，一切为了事业的发展，一切为了医疗资源的充分利用。

1. "五专"科室发展

突出专科专病，培养专家，探索专方专药。心内科、肿瘤科、消化科、风湿科、心身科、肾科、血液科、妇科、儿科、耳鼻喉科、口腔科、康复科、眼科、推拿科、骨科等各类专科逐渐成立。医务人员有了方向，临床工作有了专长，各科专家相应产生。

2. "科技兴院，院兴科技"

大力支持科研工作。以科研带动科室发展；医院投入财力、人力、资源为科研服务。国家重点研发项目、国家自然科学基金项目、省部级课题、局级课题等成功申报立项，也获得了一批科研成果。

3. "开堵结合，以开为主"

医院在市场经济的大环境下经受着很多的诱惑。"开堵结合，以开为主"是石学敏院士抵制社会不良诱惑的秘方。医院工作人员可以利用业余时间参加医疗服务工作，但必须遵守医院的各项规章制度。天津中医药大学第一附属医院一直保持着良好的医疗风气。除了员工的思想觉悟高外，制度的约束也起到非常重要的作用。

恩师石学敏院士不仅传授我医学知识、临床技术，还教诲我如何做人、如何处事、如何管理、如何进行学科建设和发展事业。我们这一批20世纪70年代开始跟随石学敏院士学习的学生，都是直接受益者。石学敏院士是医学界的思想家、科学家、教育家、管理家，是我们一生追随、学习、尊敬的恩师。

我眼中的石学敏院士

——王舒采访实录

石学敏院士与王舒

王舒简介

　　教授、博士生导师，享受国务院特殊津贴专家，中国青年科技奖获得者，教育部创新团队带头人，教育部新世纪优秀人才。现任天津市中医药研究院副院长，中国针灸学会副会长，国家中医药管理局脑病针刺疗法重点研究室主任，天津针灸学会会长。主持国家级课题 7 项，完成省部级课题 20 余项；获国家科技进步二等奖等各级奖励 27 项；参加WHO ICD-11 制定；以第一作者或通讯作者发表论文 100 余篇，其中 SCI 收录 16 篇；编写论著 10 部；培养硕士、博士 103 名。

樊小农：王院长您好，您作为石院士早期的博士，同时长期担任针灸学科的领导。请您谈谈您眼中的石学敏院士。

王舒：我有幸成为石院士早期博士研究生。1987 年，我毕业于山东中医药大学，后跟随导师石院士连续攻读硕士、博士学位，毕业后一直在天津中医一附院工作了 30 余年。

石院士作为现代中国针灸大家，在推动针灸学发展、包括针灸走向世界方面作出了巨大的贡献。

我认为石院士最突出的成就主要在以下四个方面：

第一，针灸学科建设成就斐然。针灸学科在石院士的带领下从天津市卫生局重点学科发展成为天津市教委重点学科、天津市重中之重学科，后来又发展为中医药管理局重点学科；2002 年，针灸学科成为教育部重点学科，是当时针灸领域唯一的教育部重点学科；2006 年，教育部重点学科重新认证，针灸学科再次被认定为重点学科。

第二，针灸平台建设引领全国。早在 1988 年，针灸学科就已经成为全国针灸临床研究中心；2008 年，成为国家中医药管理局中医临床研究基地（中风病）；2019 年，被科技部等四部委认定为国家中医针灸临床医学研究中心。天津中医一附院针灸学科成为全国针灸领域的一面旗帜，同时在国际上也产生深远影响，确立了天津针灸在国内外的领军地位。

第三，国际化的战略眼光。在 20 世纪 60 年代，石院士就参加了援助阿尔及利亚的任务。1972 年，他回到天津中医一附院任针灸科主任。多年来，石院士始终用精湛的技术推动针灸走向世界。他创立了一个优秀针灸品牌——中国·天津国际针灸学术研讨会。从 1989 年举办第一届开始，至今已连续举办了 15 届。每届中国·天津国际针灸学术研讨会都吸引大批来自世界各地的针灸学者来津参会,既有从事临床研究的,也有从事基础研究的,我们培养过的国际留学生也多次回来参加学术交流。通过中国·天津国际针灸学术研讨会的连续举办,我们针灸学科提升了在国内外的影响力,推动了中国针灸走向世界。

另外,在国际科研合作方面,石院士带领团队走过了80余个国家和地区。最初针灸学科开展的国际合作以交流合作为主,派出针灸专家到不同国家,为国外患者提供优质的针灸医疗服务。最多的时候,天津中医一附院在国外的诊所达十几家,与60多个国家和地区开展医疗合作。

随着针灸学科的发展,石院士审时度势,为进一步提升国际合作的层次和水平,与多所国外大学开展了高层次的临床及科研合作。与法国的 Genset 研究所开展了针刺治疗偏头痛的国际合作。我本人也于2003年陪同石院士到巴黎考察了法国 Genset 研究所。当时法国的合作团队是经由外交部联系到石院士,希望能与石院士开展针刺治疗偏头痛的国际合作。法国的研究团队实力强劲,有法国的诺贝尔奖获得者 George Charpak,还有法国的"基因之父"Daniel Cohen 和法国科学院知名教授。这项国际合作持续了多年,后来又拓展到了石院士研发的丹芪偏瘫胶囊的国际推广合作。

另外一个代表性的国际合作是石学敏院士与德国夏洛特大学的 Pach 教授和瑞士苏黎世大学的 Witt 教授开展的针刺治疗多发性硬化、针刺干预脑梗死、针刺治疗牙痛的研究。受石院士委托,我也曾多次到德国和瑞士的大学现场研讨双方的研究方案,在苏黎世大学参观了我们共同合作的针刺干预牙痛的功能核磁的临床研究基地,相关的研究成果已经在国际杂志发表,在美国针刺研究协会的年会上,发布了石院士与德国、瑞士的共同研究成果,在国际上产生了非常大的影响。

在实验研究平台方面，石院士与日本京都大学开展合作，引进了"快速老化鼠"动物模型，填补了我国针刺抗衰老研究的动物模型的空白，为开展针刺改善脑功能、针刺治疗痴呆的研究提供了非常好的平台。

第四，石院士重视科研，广纳人才。天津中医药大学第一附属医院是以临床医疗为主的三甲医院，而石学敏院士高瞻远瞩，看到针灸学科的发展需要借助现代的科学技术与方法，才能产出高水平的科研成果，1993 年 6 月，在资金非常紧张的情况下，石学敏院士在鞍山西道院区的 A 楼 2 楼成立了针灸基础研究平台，当时叫"老年病研究室"，就是我们现在针灸研究所的前身，并引进了一批针灸、病理、分子生物学、电生理相关专业的交叉学科人才。这些人才的引进对于揭示针灸的作用机制，特别是针灸在中风病方面的机制发挥了非常好的作用，相关的研究取得了非常重要的成果。1995 年，石学敏院士"醒脑开窍针刺法治疗中风病的临床和实验研究"的成果获得了国家科技进步奖，提升了我们针灸学科整个团队的科研水平和学科的总体实力。在全国针灸界，石院士率先做到了针灸临床和基础研究的有机融合。

樊小农：您在谈到针灸学科取得的成果时，真的是如数家珍。学科的很多工作都是您带领完成的，您经常需要和石院士汇报请示，在这个过程中您有什么特别的启发、感受？

王舒：研究生阶段我跟随石院士学习 6 年，后来就留在针灸学科工作 30 余年，学科建设工作都是在老师的指导下完成的。学科建设分为，人才培养、平台建设、科学研究等不同方面。

我从老师的言传身教中去体会、学习、感受老师的思路和他的一些独到想法。石院士创新的思维、长远的战略眼光，敢为人先、孜孜以求的敬业精神是我一生学习的榜样。

有时我考虑问题不够全面，高度欠缺，导师言传身教、耐心讲解，给了我很多的关怀指导，使我受益终生。

石院士在学科建设中培养了一大批人才，我们针灸团队现在是全国乃至全世界最大的针灸团队。2011年，我们针灸团队被评为"教育部创新团队"，2015年，以优异的成绩通过验收。教育部创新团队答辩的时候，我记得在北京的铁道宾馆，石院士亲自带领学科骨干参加，当时我也在场，评审专家是全国相关及交叉学科的院士。石院士对我们针灸学科的发展历程、取得的成就进行了系统介绍，获得了评审专家的一致认可。

樊小农：您已经成为针灸领域的专家，也是中国针灸学会的副会长、创新团队的负责人，当时评选的第九届中国青年科技奖，您也是那届中医领域唯一的获奖者。

王舒：我的一点成绩都是在石院士的指导下获得的，是在天津中医药大学、天津中医药大学第一附属医院提供的高层次平台下取得的，是针灸学科集体的荣誉，这些都离不开导师的培养和各级领导的支持与关怀，在此表示感谢。

最后，在石院士从医执教60周年之际，祝我的导师阖家幸福，万事如意，健康长寿！

我眼中的石学敏院士

——张智龙采访实录

石学敏院士与张智龙

张智龙简介

主任医师、博士生导师，享受国务院特殊津贴专家、全国优秀中医临床人才、中国首届百名杰出青年中医、天津市名中医，第六批全国师承指导老师，天津市中医重点专科学科质量控制中心主任委员。主持完成国家级、省部级、局级课题26项，获省部级、局级奖项14项，主编出版专著10部，参编10部，发表论文200余篇。

樊小农：智龙教授，为庆祝石院士从医执教60周年，我们策划了"我眼中的石学敏院士"系列采访，您是石院士的学生，也从事医院管理工作，请您谈谈您眼中的石学敏院士。

张智龙：我是石院士的博士研究生，现在从事中医针灸临床，也从事医院管理工作。石院士对我的影响是潜移默化的。

我初识石院士是1981年。那年我读大二，暑假时到天津中医学院第一附属医院学习观摩，有幸见到我敬仰的石院士。初见石院士，我记忆尤深：石院士在给患者做针刺治疗。这位针灸大师严谨认真的气度风范，让我肃然起敬，从此立志从事针灸，所以1984年毕业后我从事了针灸临床工作。

第二次跟石院士密切接触是1989年。我作为卫生局派驻到天津中医学院第一附属医院的学术秘书组工作人员，参与第一届中国·天津国际针灸研讨会的筹备工作，也有幸深层次领略石院士的风采。作为一名入职不久的针灸医生，我对天津中医学院第一附属医院针灸团队非常仰慕，也因此更加体会到针灸的精妙。我当时想报考石院士的研究生，但因英文水平有限而却步。

第三次深层次接触石院士是2004年。那年我正式拜入石老门下，成为石院士的弟子。在130人的研究生入学考试中，我拔得头筹，有幸攻读硕博士连读学位。石院士在我心目中的地位是不能撼动的，我决心要正式作为石老的入门弟子进行学习。承蒙导师不弃，让我成为他的学生真正拜入石老之门。

在我的印象中，他首先是一位非常睿智的管理家。纵观天津中医学院第一附属医院针灸学科的发展历程，从名不见经传的小科室到在全国领先，这与石老的高瞻远瞩密不可分。

20 世纪 80 年代，他心中就有个目标——把天津中医学院第一附属医院针灸科做大做强。事实证明，石院士说到了，也做到了。

现在，天津中医药大学第一附属医院针灸学科作为全国针灸基地、国家中医针灸临床医学研究中心，石院士的理想实现了，这是他毕生奉献自己的才华、精力达到的，没有石院士就没有天津中医药大学第一附属医院的今天。所以，我认为他是非常睿智的管理家，站位高、眼界宽、布局长远、目标明确，这是很多管理者不能达到的。石院士并没有按照退休年龄规划医院发展，而是将其当作毕生事业去完成，所以我认为他不愧为优秀的中医院院长，这是实至名归。

再者，石院士让我更敬佩的是他的治学精神。他是中医大家、大科学家、大哲学家、中国工程院院士、国医大师。他首创针灸标准化，他认为针灸的选穴、处方、针刺体位、针刺顺序，每次针刺时间和针刺间隔时间、针刺手法操作都需要科学量化，填补了针灸发展史的空白，使古老的针灸学走向规范化、标准化、科学化。

例如石院士的"醒脑开窍针刺法"大家很熟悉，在全国乃至国际推广应用。他认为中风病的病机为窍闭神匿、神不导气，醒脑开窍、滋补肝肾、疏通经络是治疗原则。针刺取穴顺序要求先刺内关、继刺人中。我们以前扎针灸，一般都从头开始扎，先扎人中，再扎肢体穴位，但石老强调，脑为髓海，精血是脑的物质基础。老百姓讲精气神，"精"是物质基础，"气"是脏腑功能表现，"神"是人生命整体外在表现的最高境界。脑主神明，"调神"是石老的学术主张，首先要有物质基础，就要先刺内关。内关是心包经的络穴，代君行令，代君运血，可以改善脑部供血，有相关课题作为依据。这就是在针刺顺序上科学化，有科学依据、量化有标准。

　　针刺人中，以眼球湿润为度。针刺委中，要下肢抽动三次为度。这是什么？这是量化，而且是"神应"。眼球湿润为度是达到一个量化标准，实际上是人体的反应，有"神应"。所以石院士要求针刺以"守神"为首要，"效以神应"为保证。中医讲针刺要得气，气至而有效。得气就是"神应"。眼球湿润就是得气，肢体抽动就是得气。这是针刺要求上的科学化，是石院士一种"重神"的体现。

　　石院士认为"守神"，取穴上第一要观病人之态，观病人的精神魂魄存亡。另外，调整术者之神，术者"令志在针"，"心无内幕，如待贵人"。所以说石院士在针刺操作上非常重视精神内守。再有调患者之神，比如眼球湿润为度，包括石院士治病的"四神论"提到，百病之治，必先治神，所以要调神。这是"醒脑开窍针刺法"所体现的。

　　此外，体现量学观的是捻转补泻手法，捻转补泻没有一个定论，只是说手法重、轻、快、慢，没有具体标准。但石院士通过针刺手法的方向、作用力、作用时间、作用幅度，将捻转补泻手法标准化、科学化、规范化，便于推广应用。这都是石老作为中医大家的治学精神，推动针灸学现代化进程，使之逐步走向世界。

　　"醒脑开窍针刺法"只是石老学术思想的一个代表，体现石老的"重神"思想，还有石老的"四神论"：神之所在，脑为元神之府；神之所主，神是人体一切生命活动的表现；神之所病，是百病始于神；神之所治，凡刺之法，必先本于神。关于脑主神明，还是心主神明，从古至今仍有争论。但是石老旗帜鲜明地说：神之用在心，神之体在脑。神之所在，脑为元神之府。治病在很多时候，以调神为主。比如说治疗痛证，"醒脑开窍针刺法"不单纯只治疗中风，调神理气法可治疗痛证、呃逆、中风并发症的血管性痴呆、癫痫，这都是石老重神思想的体现。

石老师是一个大科学家，他不单单有中医功底，还吸纳了很多现代医学知识，发扬了中医学术，而且将学术思想毫无保留地传授给他的学生。他的学生广布各地，把他的学术思想、管理思想带到各自的工作岗位，将针灸事业发扬光大，这点石院士功不可没。我们作为学生，有这样的老师，是一生的骄傲。高山仰止，石老师是我心中的灯塔。

我从1981年结识石院士，到现在已经41年，石院士对我的影响无处不在。有一次我跟石院士查房，石院士给病人做治疗，他工作繁忙、年事已高，仍不遗余力地鼓励患者同疾病作战，实际上就是我们中医"重神"思想，此事我感触颇深，写了一篇文章《石学敏院士驭神思想管窥》发表在《中医杂志》。这些都是我眼中的石院士。

作为石院士的一名的学生，有那么伟大的导师，是我一生的荣幸。我觉得我们中医人，有这样一位国医大师，是我们的荣幸。我们作为针灸医生，有那么一个开拓者、领路人、领航人，是我们针灸人的一种荣幸。针灸事业发展到今天，离不开石院士的领航。这就是我心目中的石学敏院士。

祝福石学敏院士从医执教 60 周年

倪光夏

石学敏院士与倪光夏

倪光夏简介

　　国医大师石学敏院士培养的第一位博士后，南京中医药大学针灸推拿学院院长、养生康复学院院长，主任医师、教授、博士生导师。江苏省中医药领军人才（首批），中国针灸学会脑病科学专业委员会主任委员，江苏省针灸学会副会长，国家一流专业——针灸推拿学专业负责人。长期从事针灸临床与实验研究，主持国家级、省级科研课题 10 余项，发表学术论文 100 多篇，获省部级科技进步一等奖一项，主编、副主编国家规划教材如《针灸学》等 11 部，培养博士、硕士生 90 余名。

我是石学敏院士及天津中医药大学第一附属医院培养的第一位博士后。2002—2005 年，我在天津跟随导师进行科学研究，见证了导师过人的胆识、非凡的智慧、先进的理念、卓越的成就。

在石学敏院士八十大寿时，我曾写给导师两首诗，分别是《八秩春风》《师恩难忘》，以表达对石院士的感恩：

八秩春风

春播桃李沐清风，
秋来遍地映山红；
八十阳春岂等闲，
雄鹰依旧翱天空。

师恩难忘

运筹帷幄千军领，
津门岁月常梦萦。
万里天涯纵走遍，
不忘恩师待我情。

在导师国医大师石学敏院士从医执教 60 周年之际，祝导师身体与学术常青，再为祖国和世界从医执教 60 年！

甲子医梦，得伴半程

——记我眼中的导师石学敏院士

杜宇征

石学敏院士与杜宇征

杜宇征简介

主任医师、教授、硕士生导师，天津中医药大学第一附属医院针灸临床部部长，针灸学科带头人，国家中医针灸临床医学研究中心执行副主任，第七批全国老中医药专家学术经验继承工作指导老师，石学敏院士学术思想"优秀继承人"。中国针灸学会手法量学专业委员会主任委员，天津市针灸学会针刺降压专业委员会主任委员，天津市针灸学会耳穴专业委员会副主任委员。主持国家级及省部级临床科研课题5项。培养研究生60余名，发表论文百余篇。

2022 年是导师国医大师石学敏院士从医执教六十载——一个甲子的岐黄医路，峥嵘岁月，气象万千。导师一生致力于针灸事业，若不是对学科的至臻热爱，必不能穷毕生心血于医路不懈求索。

承蒙恩师教导，何其有幸。

最初得见恩师，是在天津中医学院针灸治疗学的课堂上，此情此景至今尤难忘怀。当时我还是初入大学校门的青年，家中并无从医背景，对中医针灸的认识浅显懵懂，专业理想、从业信念尚未成熟，导师却已是国内声名卓著的针灸名家，他亲自授课让我们备感振奋。

他博古通今，理验俱丰，常以临床实例讲解针灸理论知识，引人入胜。我醉心于他精妙的针灸手法——凤凰展翅，在课堂、在宿舍、在图书馆，只要有时间我都会研习刺法灸法，从那时起我坚定了针灸专业方向，这一切都得益于导师。

再后来，我得以在天津中医学院第一附属医院针灸科就职，当时导师已是医院院长兼任针灸科主任，他永远步履匆匆，事务繁忙。

即便如此，他对针灸科医疗、科研工作的管理仍一丝不苟，甚至严苛。他有个雷打不动的习惯——每天中午他都会回到针灸科，了解科内工作情况，了解我们学习工作的情况。

导师治学严谨，对患者负责，不容丝毫松懈怠慢，遣穴组方、施术手法、方药剂量无不精益求精。他总是说，针下功夫容不得怠懒，必使针到病除。

印象很深的一次，我与同事们正在办公室内书写病案，导师推门而入，面有愠色地说："这针是怎么扎的？"见此情状，同事们纷纷放下手上的工作，自查分管患者的施针、取穴是否标准，治疗是否存在疏漏。

必一其神，令志在针。

受恩师教导熏陶，在临床工作中我从不敢怠慢，即使日常工作再繁杂，为患者施针治疗时，都聚精会神，严谨操作，以求针刺疗效达到最佳。

履职日久，与恩师学习交流的机会增多了，导师也不似最初那样遥不可及。2008 年，我有幸成为导师的第四批师承弟子，无论工作多么繁重都坚持跟师出诊，理论与临床都得到卓越提升，于一生之影响更是无法估量。

2008 年，导师将研究重心转向中风病的上游疾病——高血压，开始了针刺调控原发性高血压病的临床研究。导师结合临证经验，在理论和选穴配伍上都有创新。

高血压病的防治和科研工作在我的职业生涯中是至关重要的。我清晰地记得 2009 年，导师邀请国内知名专家召开"973"课题论证会，在讨论间隙，导师对我们语重心长地说："高血压的研究，我们要有攻坚克难的精神，拿出 20 年的时间，踏实地做下去，即使那时我已经不在人世，你们依然要坚定地沿着这个方向走下去，做出成绩。这项研究可以惠及更多百姓，减少高血压对靶器官的损害，是利国利民的好事。"在日后的研究工作中，我也曾体会到艰辛，但每每回想起导师的话，我想再艰难也要克服，必须坚定不移地沿着这个方向大踏步前进。

2011 年，受卫生部、外交部委派，恩师前往法国巴黎为爱国侨领诊病，我有幸陪同前往，得以一睹恩师在法交流时睿智儒雅之风姿，至今想起，仍历历在目。

留法的第一日清晨，我于蒙眬睡梦中听到客厅窸窸窣窣的声响，起身查看，发现导师正手握计步器在房间内来回走步。我十分吃惊，疑惑导师为何没有选择风景优美的花园，而是在不算宽敞的房间内散步锻炼。细问其中因由方才得知，导师每日有晨练习惯，可身在异国他乡，见我未醒无法告知我去处，恐我徒增担心。那时导师已年过古稀。他体贴我如至亲，我不由铭感五内，从那天起每日清晨陪导师去户外散步，直至导师离开巴黎。

导师对现代针灸的另一贡献是率先提出了针刺手法量学。针刺手法无疑是针刺的灵魂，是针刺疗效的关键所在，针刺手法量学推动了针灸技术向规范化、标准化发展。2021 年 6 月，中国针灸学会手法量学专业委员会的成立，无疑是针刺手法量学发展的又一里程碑，我荣任该专业委员会主任委员。在全国同道的共同努力下，希望手法量学专业委员会的成立能切实推动针刺手法量学的发展，产出更多高质量循证证据。

如今，导师已年过耄耋，他对工作的投入，对针灸学科建设的支持，从未停歇。针灸学科卓越之盛势，赖恩师倾毕生心血铸就而成。

从 1972 年重新组建针灸科开始，针灸团队白手起家，经不辍努力，针灸学科从日渐式微到国内最大的针灸临床科研教学基地、国际交流中心，形成"世界针灸看中国，中国针灸看天津"的标志性成果，引领针灸行业发展。2019 年，天津中医药大学第一附属医院针灸学科成为针灸领域首个国家中医针灸临床医学研究中心。

六十载医路求索，导师足履平地，不骛虚声。秉持悬壶济世之宏愿，救拔患者无数，以点滴笔墨著书立说万千字，行走在岐黄复兴的康庄大道，矢志不渝！

2014 年，导师于国医大师颁奖礼所发感言令人动容："莫道桑榆晚，为霞尚满天。我将以老骥伏枥之志，将国之精粹发扬光大；将医之精华传达于世界；将传道授业作为毕生之追求。我愿意继续为祖国的中医之发展，人才之培养发挥自己的余热，力虽绵薄，志却甚坚。"

导师实为我辈杏林医路学习之典范！得蒙导师多年教诲，此生之幸。笔端浅陋，惟情真灼切！值此，再谢师恩，恭贺导师从医执教六十载，祝导师福寿绵长！

我眼中的石学敏院士

戴晓霭

石学敏院士与戴晓霭

戴晓霭简介

硕士生导师，天津中医药大学第一附属医院针灸部主任医师，第五批全国名老中医石学敏院士学术思想继承人，主编专著 2 部，主持或参研多项国家级、省部级科研课题，撰写论文 20 余篇。

写下题目的时候，往事一幕一幕涌上心头，一时间不知从何讲起。作为石院士的弟子，我眼中的石院士在不同的时期是不同的。

1988 年高考刚刚结束，我填报志愿时，整张志愿单只有一个院校：

当时的天津中医学院，因为这所学校有一位很多针灸迷心中的偶像——针灸大家石学敏。彼时的石院士兼任天津中医学院的副院长，经常有学兄学姐传颂老师的事迹，几针治愈瘫痪在床的非洲总统，28岁兼任几所医院的院长，等等。有一次老师给针灸系的学生讲授公开课，学院二楼最大的公共教室座无虚席，走道、楼梯间都被挤得水泄不通。讲台上，老师用铿锵有力的声音讲述针灸的原理，讲起自己带领团队的科研成果，讲起针灸在海外的应用推广，200余人的教室寂静无声，落针可闻，莘莘学子们心中的针灸梦被老师描绘的蓝图照亮。那时的老师是我们眼中自带光环的偶像！

我进入天津中医学院第一附属医院后有幸任职于针灸科，却远没想象的轻松愉快。老师管理下的针灸部，年轻住院医师实行12小时工作制，8小时工作时间外，4小时的学习时间被排得满满当当，除了要学习西医神经内科的知识外，中医经典理论的学习也是重中之重，回家后仍有典籍抄写和学习笔记的补录，老师还总是不定期地查看笔记内容，检测针刺质量。即使当时老师已经是天津中医学院第一附属医院的院长，工作繁忙走路带风，但仍然时常出现在针灸科的各个病区，如果发现个别医生针刺不精准，就会严厉批评，重新给病人扎针，表情严肃，脸上不见一丝笑容。当时作为小大夫的我们最盼望的就是老师出差在外，老师不在医院的时候，连电梯都好像运行缓慢。那时的老师是我们眼中最严厉的上级。

2012年，我有幸成为石学敏院士第五批师承弟子，当时老师为了学科的发展，攻坚克难，首开针刺降压门诊，为了减少慢病患者的医疗负担，70多岁的老师放弃院士专家号，仅以普通号收费，每周二上午的出诊时间要诊治50余人次，并亲自施针。冬天还好，每到夏日，老师的白大褂经常被汗水湿透。即便这样，每个病人的病情特点老师都清晰地记得，分毫不差！每次老师给患者施针的时候，一定会握着患者的手含笑问候，给予病人和家属鼓励。老师的患者中，不乏一家三代都是老师的铁杆粉丝，经他诊治的患者也疗效甚佳，恢复神速。那时的老师是我们眼中救患者于水火的大医生。

出师当天，老师在我的出师证上亲笔写道"读经典、做临床、通现代、做大家"。老师希望团队的每一个人都秉承初心为针灸事业尽心竭力，他本人也·直是这么做的。近些年随老师在基层做"醒脑开窍针刺法"的推广应用，看到他不辞辛苦亲力亲为，无私帮扶贫困山区，推广针灸适宜技术，每次都行程满满，心里很是心疼老师。由于工作关系，我每每陪同老师下基层授课，有时会先于老师回医院，行程有时不能重合，老师都会像叮嘱孩子一样告诉我们路上小心，不要着急忙慌乱中出错，往往刚下飞机，老师的电话就会在第一时间响起，细心地问一问可否安全到家，好像我们永远都是长不大的孩子一样。那时的老师是我们眼中爱叨唠的长辈。

光阴如梭，2022 年是石院士从医执教 60 年的大日子，回顾石院士一路走来的过往，也是他带领天津中医药大学第一附属医院历经三次腾飞的整个过程。能有幸成为石院士的学生，成为石院士团队的一分子，我备感骄傲和自豪。真心祝愿老师身体健康，注意休息，继续带领针灸学科走向更加美好的未来。

我眼中的石学敏院士

樊小农

石学敏院士与樊小农

樊小农简介

医学博士，主任医师，博士生导师。中国民族医药学会针灸分会副会长，天津市针灸学会实验针灸专业委员会副主任委员、天津市针灸学会脑病科学专业委员会副主任委员，国家中医药管理局针刺量效关系三级实验室主任、天津市针灸学重点实验室主任。开展国家重大研发计划、国家"十二五"科技支撑计划等课题20余项；获得省部级科技进步奖8项，培养研究生50余人，发表论文百余篇。

一、导师强大的力量来自使命感

导师现在 80 多岁，已经是耄耋老人，本来是颐养天年的年纪，却因被国内外邀请指导工作要"满世界飞"，甚至从国外回来直接回到工作岗位或者去外地出差。我们私下佩服石院士身体健康的同时，也会感慨怎么这么"有劲儿"。后来明白了，这源于他老人家的使命感——让针灸以更规范和科学的姿态被更多的人接受并获益。所以无论是高层的战略规划，还是学术报告、专家评审、科研合作，抑或是对基层的讲学、临床会诊、现场指导，等等，只要能排开时间，他都会全力以赴。我还记得"973"项目启动会期间，安徽的周老虽然已经退休多年，但说起 20 世纪 80 年代他们建立针灸病房遇到困难时，是导师带领团队入住几个月解危排难，他感念至今；我在洛阳一个学术会议作报告，当地民办医院院长得知我是石院士学生，专门来表达对石院士指导他们办院、使他们受益无穷的感谢……

导师的力量更体现在内心的强大。有两件事我特别有感触。第一件事是："醒脑开窍针刺法"治疗中风取得了很多成就，导师提出要把研究重点前移，实现脑血管病一二级预防理念的针刺治疗高血压的研究。当时不认可的人占多数，反对的声音中一是质疑疗效，二是质疑性价比，但是导师并没有少数服从多数，反而在 2008 年建立了高血压专病门诊，并且亲自出诊……目前天津中医药大学第一附属医院高血压相关立项的国家和省部级课题有 10 余项，经费达到 1 千万元以上。第二件事是：天津中医药大学第一附属医院建南院新址时，导师认为北院这边有成熟的公交网，对于行动不便又需要长期门诊治疗的偏瘫患者尤其重要，于是向上级反映建议保留南北两院院址最终也得以实现。这两件事导师能义无反顾、责无旁贷地去做，可以用没有私心、内心强大和契合使命来解释。

二、导师柔软的内心源自慈和爱

看导师临床针刺时动作干练，但是也曾听患者说过导师心地柔软。我开始不解为什么会用到"柔软"两字，后来我切实感受到了。我在2016年患严重的腰椎间盘突出，住院1月余，坚持保守治疗，我作为一个针灸医师，竟然非常害怕针刺。导师得知后，不但请卞主任来为我针刺，导师也亲自为我针刺。我最担心的是针刺委中穴神经放电般的放射感，但是导师针刺后却是如春水浸润干裂土地般的柔软和缓深透。字如其人，针也如其人，我也终于明白患者为什么会评价导师心地柔软了。还有一位师兄罹患癌症，导师亲自探望并联系权威专家会诊……其实，人在患病时内心总有不期而至的脆弱，被导师这么顾念，我感受到导师像父亲对待孩子一样的慈爱和心疼。如果你说"因为你是他的学生"，可当成特例，那又怎样解释无亲无故的患者对院士心地柔软的评价呢？在导师出高血压门诊时，有一位妈妈陪着30多岁的儿子来就诊——她说终于等到石大夫出门诊了——30年前这个儿子还是婴幼儿时，因为注射庆大霉素而神经性耳聋，石大夫也不确定针刺效果怎样，但是因为他的慈心，让这位妈妈感受到了希望，所以坚持了一年不间断的针刺治疗，儿子竟然恢复了听力。幸甚至哉！我的导师总是有让人心想事成的力量。这是技术能力，更是无条件传递慈和爱的能力。

导师还是非常宽容的人。2000年我成了导师的博士生，当时导师虽然还没有国医大师的称号，但也已经功成名就，声名远扬，所以我更多是在导师及老一辈专家创建的高平台上学习成长，收获恩泽。可惜自己才疏学浅，只是收获却未能奉献，导师也从来没有因此责备过我，让我更觉惭愧……

好在，导师一如既往地言传身教，愚钝如我，也已经"醒脑开窍"——使命感、慈悲心、宽容心，是我不断追求和完善的目标方向。

祝福石学敏院士从医执教 60 周年

樊海龙

石学敏院士与樊海龙

樊海龙简介

医学博士、副主任医师、硕士生导师，省部级重点专科带头人，中组部第 17 批"西部之光"访问学者，国医大师石学敏院士学术继承人，内蒙古呼和浩特市蒙中医药专家学术经验继承工作指导老师。中国民族医药学会针灸分会执行会长，内蒙古康复治疗学会传统康复委员会副主任委员，内蒙古蒙中医针灸学会副会长，呼和浩特"最美医生"。参与国家级课题 3 项，主持省级部科研课题 4 项，主编专著 1 部，发表论文 20 余篇。

向国医大师石学敏院士从医执教 60 周年表示最热烈的祝贺和诚挚的祝福！

我与导师石学敏院士第一次见面，是在 2016 年成都中医药大学博士毕业论文答辩会上，我印象最深刻的是石老师总是笑容可掬，精神矍铄，是一位俊捷干练的儒雅学者。2020 年，我有幸入选中组部第 17 批"西部之光"访问学者，成为国医大师石学敏院士的学生，这段学习经历是我行医生涯中最宝贵的财富，恩师的德艺双馨直到现在都还深深影响着我。

石老师一直不遗余力地关心着内蒙古的针灸事业，曾数十次往返于天津与呼和浩特市，创立呼和浩特市"石学敏国医大师传承工作室"，并多次协调国家针灸临床医学研究中心、天津中医药大学第一附属医院国医大师石学敏院士专家针灸团队在"石学敏国医大师传承工作室"出诊，将关爱和健康送到呼市百姓身边。在石老师的亲切关怀下，2021 年 7 月，在"呼和浩特市院士青城行"大会上，国家中医针灸临床医学研究中心与呼和浩特市蒙医中医医院签署了石学敏国医大师传承工作室建设项目框架协议，并成为呼和浩特市政府"六大产业集群"建设项目之一。通过创立"呼和浩特市蒙医中医医院石学敏国医大师传承工作室"平台，多渠道挖掘高端人才聚焦工作室，将石学敏院士学术思想辐射到内蒙古全区，打造医疗学术骨干团队，提升内蒙古自治区中医针灸科研与临床水平，为内蒙古中医针灸事业又好又快发展提供了强有力的人才保障和技术支持。

再一次向石院士从医执教 60 周年表达我最真诚的敬意，并祝愿石院士身体安康，精神饱满，为中华中医针灸事业的发展再创辉煌！

在此美好的时刻，我赋诗一首以表达我此刻心情：

谢 师

鹤发银丝映九针，朱笔丹心铸精诚。

手如握虎洞疾苦，展翅凤凰药生尘。

国士无双护九州，圣手神针济群生。

传道解惑恩无尽，秋来硕果谢师恩。

2022 年 5 月 22 日于呼和浩特市

德国库尔巴赫中国传统医学研究院
迪特玛－库莫尔院长贺信

CHINESISCHE NATURHEILKUNDE AKADEMIE

1984 in Deutschland gegründet

中国传统医学研究院

Chinesische Naturheilkunde Akademie e.V. · Haus Dill/Str. 9 · D-95326 Kulmbach · Telefon 0 92 21 / 84 100 · Fax 0 92 21 / 87 76 21

Prof. Dr. Dr. Dietmar G. Kummer
Präsident
Chinesische Naturheilkunde
Akademie e.V.
Kulmbach/Germany

Europäische Außenstelle verschiedener
Chinesischer TCM-Universitäten,
Hochschulen, Forschungsinstitute u.a.

Wissenschaftliche Einrichtung des
Forschungsinstituts für TCM und
Pharmakologie der Universität Nanjing

DER PRÄSIDENT
Kulmbach, im August 2022

Unsere Zeichen   Datum

„Prof. Dr. Shi Xue Min"

– Ein Glücksfall für die chinesische Medizin und für mich!

Ja, nachdem ich 1975 mit dem Import Original TCM Arzneimittel aus Tianjin nach Deutschland begann, führte mich 1979, durch einen großen Zufall, mein Weg an die Lehrklinik 1 der TCM Universität Tianjin und dessen Präsidenten, Prof. Dr. Shi Xue Min. Einen Visionär zur Verbreitung der Traditionellen Chinesische Medizin, zur Modernisierung Chinas Kliniken und seinem Traum, dass unverfälschtes TCM-Wissen nach Europa zu tragen.

Bereits 1979, ich war selbst noch im Studium, schmiedetenn wir gemeinsam Pläne, sein Wissen durch die Gründung einer Akademie nach Europa zu bringen.

1984 war es dann endlich soweit! In Kooperation mit Prof. Dr. Shi Xue Min, Prof. Dr. Wu Shien-Chung und weiteren Institutionen wurde der Traum verwirklicht – das Geburtsjahr der Chinesischen Naturheilkunde Akademie e.V. in Deutschland. Bis heute steht die Akademie als gutes Sprachrohr in Europa für die Original Tradtionelle Chinesische Medizin und vor allem auch für das spezielle Wissen und Können von Prof. Dr. Shi Xue Min.

Das Ziel, lernen der unverfälschten Traditionellen Chinesischen Medizin bei den Experten im Ursprungland, also in China, führte bei europäischen Medizinern zu einem Studium mit beachtem Gütesiegel.

Ich sehe es noch heute als ein Geschenk an, dass ich viele Stunden, Tage und Wochen, in der Zeit von 1979 bis weit nach 2000, persönlich bei Prof. Dr. Shi Xue Min lernen durfte und für dieses übermittelte Wissen sehr dankbar bin.

Sein beruflicher Werdegang, sein großes Wissen und Talent war und ist auch stets ein Vorbild in meinem beruflichen Dasein.

So darf ich Prof. Dr. Shi Xue Min auf seinem weiteren Lebensweg viel Gesundheit sowie Vitalität wünschen und dass von seinem riesigen Wissensschatz auch weiterhin viele kranke Menschen auf der ganzen Welt profitieren werden.

Prof. Dr. Dr. Dietmar G. Kummer
Präsident
Chinesische Naturheilkunde Akademie e.V.
Kulmbach/Germany

269

认识石学敏教授对我来说是一种幸运！

是的，自 1975 年开始我从天津向德国进口正宗中药制剂。1979 年一次偶然的机会，我走进天津中医药大学第一附属医院，当年的负责人石学敏教授正在致力于中医药的传播和中国医院的现代化，他的梦想就是把地道的中医传播到欧洲。

1979 年，我还在上大学，我们就共同做出计划，要在德国建立一个中国传统医学研究院，把他的中医药知识带到欧洲去。

1984 年，条件终于成熟了！与石学敏教授、吴咸中教授以及其他机构共同合作，实现了这个梦想——德国库尔巴赫中国传统医学研究院成立了。直到今日，传统医学研究院一直是传统中医在欧洲的优秀代言人，主要传播石学敏教授的专业知识和技能。

我们的目标是让欧洲人跟随来自中医发源地——中国的专家学习地道的中医，这使得欧洲中医学员学习到最具品质保证的中医知识。

从 1979 年到 2000 年，我多次在石学敏教授身边进行数天或数周的学习，直到今日我都把这些当作我的人生礼物，并感激不尽。

他的职业成长之路，他的博学和天赋，过去和现在一直是我职业生涯的榜样。

我祝石学敏教授身体健康！祝世界上更多的患者从他的巨大知识宝库中受益。

迪特玛 - 库莫尔教授

德国库尔巴赫中国传统医学研究院院长

2022 年 8 月

敬贺石学敏院士从医执教 60 年

醒脑开窍独创新法，拯救危急国手神针

著书立说传道授业，提携后学誉满中外

法国时空针灸研究院院长
全欧洲中医药专家联合会主席 朱勉生

壬寅年丁未月于广州

石学敏院士助力宁夏
中医针灸事业跨越式发展

——宁夏回族自治区中医医院暨中医研究院技术推广实录

宁夏回族自治区中医医院暨中医研究院针灸科主任　冶尕西

2017 年，对于宁夏回族自治区中医医院暨中医研究院针灸科是一个转折点。经自治区人民政府办公厅批准（《自治区人民政府办公厅关于建立宁夏针灸学传承工作室等 6 个工作室和固原马铃薯种薯产业等10 个专家服务基地的通知》宁政办发〔2017〕18 号），在宁夏回族自治区中医医院暨中医研究院依托针灸科、康复科、脑病科建立宁夏针灸学传承工作室。与此同时，我有幸与宋宁宇、孙秀萍、王竹芳 4 位主任一道拜石院士为师，传承石院士学术思想。

国医大师传承工作室建成后，石院士不畏高龄、不辞辛苦每年赴塞上进行技术指导，举办全区培训班。每次石院士莅临我院都举办义诊，亲自为学生授课并指导针灸诊疗技术，为我院发展、宁夏针灸事业出谋划策。

石院士的扶持使我院针灸服务能力迅速提升，在治疗脑病、疼痛性疾病方面技术有了长足进步，并进一步扩大了针灸诊疗范围，带动全院

石学敏在宁夏与宁夏回族自治区中医医院暨中医研究院技术推广时留影

针灸技术的发展应用。我院针灸科派专人进驻心肺病科、肝胆脾胃病科、肾病科、内分泌科、骨科、脑病科开展针灸诊疗服务，每日诊治住院患者 100 余人次。与此同时，患者对针灸服务满意度提升，针灸服务的需求日益增加，促进了针灸学科良性发展。

为谋学科发展大计，石院士积极帮助我们组建科研团队，开展高层次科研项目，提升学科核心竞争力。在石院士帮助下，我院针灸学科作为国家针灸临床医学研究中心网络成员参与申报并成功获批了国家重点研发计划"常见病队列建设及平台建设研究"子课题："针灸治疗中风病的病例注册登记研究"。先后申报并获批宁夏回族自治区多项省部级科研项目，包括自治区科技攻关项目 6 项，2022 年获批宁夏科技计划项目重点项目、宁夏自然基金项目 5 项，宁夏回族自治区卫健委项目 6 项，总计获得科研经费支持 400 余万元，搭建高层次临床科研创新平台，促进医教研紧密结合。

以国医大师传承工作室为载体，搭建高层次学术交流平台，开展多层次学术交流活动。先后举办了"宁夏针灸学传承工作室"揭牌仪式，以及"全区中医针灸学术传承讲习班""石学敏院士醒脑开窍针刺法治疗中风病培训班""天津市宁夏经济与社会发展合作人才合作交流学术讲座""宁夏中风单元防治脑卒中推广应用培训班"等学术交流活动。宁夏回族自治区参加培训的业务骨干达 2000 余人次。

我院业务骨干利用下基层、义诊等活动，前往同心、盐池、平罗、西吉等地开展对口支援和业务指导多次，促进石院士的特色诊疗技术推广到基层医院，提高了我院对口帮扶单位的能力。

自 2017 年始，石院士不畏耄耋高龄，先后 8 次往来塞上帮扶指导。5 年前，针灸科、康复科、脑病科合用一个病区，床位仅 30 张。现在共开设 4 个病区，增设床位 100 张，出院患者从原来的年 800 人次增至 2600 余人次，年门诊量从 1 万余人次增至 4 万余人次。近五年来，引进硕士研究生以上学历 20 余人，5 人获聘硕士研究生导师。

依托国医大师传承工作室，宁夏回族自治区中医医院暨中医研究院针灸科实现了跨越式发展。2018 年获批建立宁夏针灸临床医学研究中心，为宁夏第二批临床医学研究中心，全区中医针灸类第一家。

值得毕生庆幸的是，我有幸跟随石院士学习，由石院士亲自教授针刺手法并答疑解惑，领略国医大师的风采，与石院士建立深厚的师生情谊，他治学严谨、仁心济世的精神使我受益终身。石院士学为人师，医为楷模，值此国医大师石学敏院士从医执教 60 周年之际，由衷感谢石学敏院士的扶持栽培，并祝石院士长寿安康！

院士引领、学术传承、守正创新

——重庆市中医院技术推广实录

重庆市中医院针灸研究所所长 重庆市中医院针灸科主任 王竹行

"醒脑开窍针刺法"挽救了中风患者的生命，提高中风患者的生活质量，这是中医针灸对人类的巨大贡献。从那时起，我久仰石院士大名，开始派业务骨干来津学习，着手科室建设的同时得到院士团队的大力支持。在石院士的指导下，重庆市中医院针灸科取得了迅速发展，我本人的医疗技术、学术水平也得到了提高。

一、学科发展，离不开恩师支持

1997 年，我来到天津中医药大学第一附属医院针灸科进修。在这里我不仅学习到针灸技术，更感受到石院士先进的管理理念，对石学敏院士的敬仰和崇拜溢于言表。

2006 年，在全国针灸临床研究中心办公室主任胡国强教授和马泰主任的帮助和支持下，我们建立了全国针灸临床研究中心重庆分中心，石学敏院士受聘为重庆市中医院重点专科和学科的名誉顾问，我非常荣幸地终于成为石学敏院士团队的一分子。

275

石学敏（前排左四）在重庆市中医院技术推广时留影

二、传承工作，助力学科腾飞

2013 年，在重庆市政府大力支持下，重庆市中医院成功获批传承工作室建设单位，在 5 年的建设中，获得了日新月异的发展。

重庆市中医院针灸学科获批国家临床重点专科及区域中医（专科）诊疗中心建设单位，骨干人才也得到石院士的培养，重庆市中医优秀人才田丰玮主任医师传承石学敏院士学术思想，周熙副主任医师考取了石学敏院士的博士研究生并顺利毕业，他们已成为科室建设发展的中坚力量。重庆市中医院针灸学科也成功获批为全国博士后科研工作站，我本人成为重庆市针灸推拿学学术技术带头人，指导的 2 名博士后分别获得国家自然科学青年基金项目和中国博士后基金项目。

三、沿着闪亮的足迹，前行再出发

2014 年 12 月，在国医大师石学敏院士学术思想研讨会上，我受邀以《院士专家引领、学术传承创新》为题目与各位同道分享了传承经验。我们运用"醒脑开窍针刺法"治疗中风病效果显著，领悟了其中精髓，将该疗法应用于神志疾病、疑难疾病的治疗疗效令人欣喜。石院士还着重培育重庆市中医院针灸学科科研素养，我们参研了中医药行业科研专项"针刺调控原发性高血压防治中风病的研究及推广应用"、国家重点研发计划"针灸治疗中风的病例队列研究"，我们很荣幸作为针灸创新协作网络的成员单位加入"国家中医针灸临床医学研究中心"的队伍。值此石学敏院士从医执教 60 年之际，我们将继续以石学敏院士为榜样，深耕杏林，做好岐黄传承，让银针的光辉闪耀巴渝。

内蒙古宁城县中医蒙医
医院技术推广实录

内蒙古宁城县中医蒙医医院院长　刘全

作为有着30余年丰富诊疗经验的心血管主任医师，我解除过万例患者的病痛。但当我遭受面神经麻痹的侵袭时，却深切体会到作为患者的无助。

2015年，深受病痛折磨的我辗转北京各大医院，得到的答复均是必须采取手术治疗，且术后并不一定痊愈。心灰意冷之际，听闻天津有位针灸院士，创立"醒脑开窍针刺法"，开辟了中风病诊疗的新模式，以银针缔造了无数的医学神话，遂满心期待，赴津求诊。

见到精神矍铄的石老，我很是震撼，身为国医大师、中国工程院院士，他十分平易近人。

"如果你相信中医，相信我，给我些时间，我试一试！"石院士谦虚言此。

多年来我始终抱有对中医药学的推崇与热爱，并致力于中医药文化传播，倡导中西医结合的治疗理念。于是，决定接受治疗。

第一次施针后，神奇的一幕发生了：耳鸣和眼涩的症状得到了明显

石学敏（左三）在内蒙古宁城县中医蒙医医院技术推广时留影

缓解。第二次、第三次……仅仅 30 天的住院治疗，口眼歪斜的症状完全消失，我的面瘫竟然如此迅速地痊愈了。

作为医院管理者，欣喜之余，我开始思索如何将享誉世界的国医大师石院士的学术思想及特色疗法引入赤峰地区，如果成功势必能突破我院发展瓶颈，还可使优质针灸资源下沉基层，惠及百姓。经过积极协商努力，2015 年 6 月与石学敏院士团队正式达成协议，在我院正式建立国医大师传承工作室。此项举措使我院中医针灸技术水平及治疗理念登上了崭新台阶。

自建站以来，石院士及团队专家不辞辛苦，几次亲临我院传经授业，通过出诊、查房、讲座等形式，指导医院建设。截至目前，我院应用"醒脑开窍针刺法"治疗脑卒中 8500 余例，治疗焦虑、抑郁近 900 例；运用经筋刺法、刺络放血治疗颈肩腰腿疼痛 1000 余例，面瘫 200 余例，带状疱疹 80 余例，耳鸣 20 余例；应用"醒脑开窍针刺法"调神理论结合郄穴、络穴等特定腧穴，配合"缪刺""巨刺"等针刺方法与麻醉科合作，成功完成了 10 余例针刺麻醉手术，使我院的针刺麻醉技术实现了从无到有的突破。医院的针灸技术水平得到了显著提升，使数以万计的患者受益，各项技术深得患者好评。

相识七年，在这位耄耋老人的身上我学到了很多。石院士始终初心未改——悬壶济世，是他一生的理想与追求。他以针灸治疗中风病、延髓麻痹、中枢性呼吸功能衰竭、各种痛证、病窦综合征及老年痴呆等疾病疗效卓著，名扬海内外，享有"鬼手神针""华夏第一针"等美誉，值得钦佩景仰。在今后的医学及人生道路上，石院士的光辉将继续指引着我一路向前，成为我带领内蒙古宁城县中医蒙医医院传承发展中医药学道路上的指路明灯。

湖南省长沙市
中医医院技术推广实录

长沙市中医医院针灸康复科学科主任 杜革术

2003 年 1 月，我有幸师承国医大师石学敏院士，在学习过程中深深感受到了石院士高尚的医德和为中医针灸事业奉献与拼搏的精神。2018 年 10 月，石学敏院士国医大师传承工作室在湖南省长沙市中医医院正式揭牌成立。同期还举办了国医大师石学敏院士学术思想研讨会，并邀请了国内外知名专家，来自海内外中医、针灸、康复等相关领域 600 余学者参加此次盛会。会上石院士作了专题讲座，带来了一场精彩的学术盛宴。

国医大师传承工作室在长沙市中医医院针灸康复科挂牌成立后，石学敏院士带领专家团队多次亲临长沙市中医医院指导，长沙市中医医院针灸康复科医疗服务能力、人才队伍建设、科研教学水平等均取得了长足进步。

在石院士指导下，学科不断完善中医特色康复疗法服务标准与规范，并将石学敏院士创立的"醒脑开窍针刺法"及"石氏中风单元"运用到中风病、高血压病、各种脑外伤、抑郁症等疾病的临床实践中，临床服

石学敏（中）在湖南省长沙市中医医院技术推广时留影

务水平显著提升，年平均门诊量达 6 万余人次，出院人数达 6 千余人次。同时还帮助学科打造了一支结构科学的人才梯队，培养了国家第七批名老中医药专家学术经验继承工作指导老师 1 名、继承人 3 名、硕士生导师 4 人。在科研方面，参与国家中医针灸临床医学研究中心"针刺调控原发性高血压防治中风病的研究及推广应用"多中心课题研究，"针刺治疗血管性认知障碍的临床研究""针灸治疗中风病的病例注册登记研究"等多项国家级科研课题，学科多项成果获得省部级科技奖。

在石院士的无私帮助与悉心指导下，我在杏林求索的道路也愈发通畅，现已担任长沙市中医医院针灸康复科学科主任、湖南省中医重点专科及长沙市医学重点学科带头人、教授、硕士生导师、主任医师、国家第七批名老中医药专家学术经验继承工作指导老师，以及中国针灸学会手法量学专业委员会副主任委员。

　　作为石学敏院士国医大师传承工作室负责人，我将充分利用国医大师传承工作室高层次平台优势，着力在学科建设、人才培养、学术传承等方面取得更大突破，为弘扬中医药文化、推动中医药事业发展贡献自己的力量！

　　我跟随石院士学习 20 余年，石院士坚持中西结合、融西贯中、针药并用、形神兼备，强调针刺手法量学规范，石院士的学术思想让我深受启迪，他严谨求实的治学态度，勇于创新、敢为人先的拼搏精神，时刻激励我奋勇前行。在此，热烈祝贺石院士从医执教 60 周年！祝福石院士身体健康！祝愿中医针灸在石院士的引领下为国民健康作出更多更大的贡献！

石学敏院士西安市中医
医院技术推广实录

西安市中医医院针灸科主任 安军明

一、模糊的身影

2002 年，西安市中医医院的针灸学科发展举步维艰，医院选派我到北京博爱医院进修，学习间隙，我慕名前往业界翘楚——天津中医药大学第一附属医院针灸科参观。

这里的针灸氛围对我的触动极大，在开放 800 张床位的针灸部，目光所及遍是医护人员忙碌的身影。此次初逢便坚定了我发展好西安市中医医院针灸科的信心。我知道这一切要归功于辉煌缔造者——石学敏院士。

二、高大的身影

2016 年 10 月，宁夏回族自治区中医医院举办石学敏院士"醒脑开窍针刺法"治疗中风病培训班，邀请石院士亲临授课，借此机会我终于得以近距离接触石院士。石院士将"石氏中风单元"毫无保留地传授给

石学敏（后排右四）在西安市中医医院技术推广时留影

学员。课余，我忐忑不安地提出能否与他合影留念，石院士爽快地答应了。

会后，宁夏回族自治区中医医院针灸科冶尕西主任带我参观了自治区中医医院国医大师传承工作室，那一刻，我有了一个设想，将"醒脑开窍针刺法"引入到西安，让陕西的中风病患者从中受益。

我向医院领导汇报了宁夏回族自治区中医医院国医大师传承工作室的建设经验，并提出在我院建设国医大师传承工作室的设想。此事得到医院领导的大力支持，随即被提上议事日程，各项筹备工作有条不紊地开展。

三、亲切的身影

我们邀请石院士对我院进行实地考察，商议国医大师传承工作室建设事宜。终于，2017 年 11 月，石院士莅临我院，实地调研，并详细询问了针灸科日门诊量、年门诊量和针灸适宜技术开展的情况。他指出针灸学科要发展壮大，必须依托病房建设，他同医院领导商谈建立国医大师传承工作室的相关事宜并达成了初步意向。由于要赶回天津处理其他工作，石院士转天一早便赶往机场。从一位耄耋老人如此紧密的行程中，我体会到了国医大师石学敏院士这位杏林圣手对针灸事业的赤子情怀和对晚辈后学的殷殷期望。

四、温暖的身影

2018年9月14日，西安市委组织部和西安市科学技术协会联合发布文件，我院被正式认定为2018年西安市国医大师传承工作室单位。2018年12月22日晚，石院士专家团队一行冒着寒风出现在西安咸阳机场，看到石院士由于长途跋涉而略显疲惫的脸上却依然带着温暖的笑容，我的心中不禁感慨——眼前高大威严的石院士，更像是父亲，让我在寒冷的冬夜感到温暖。

2018年12月23日上午，石学敏院士国医大师传承工作室揭牌仪式暨学术经验学习班如期在我院科技报告厅举行。当石院士步入会场，报告厅响起经久不息的掌声。由于石院士当天下午要返回天津，因此并没有安排他授课，但他坚持要留出时间授课指导，他讲了很多学科发展经验，言语之间流露出对中医针灸的挚爱和对后学的殷切期望。石院士渊博的学识、敏捷的思维、开拓创新的科学精神、朴实无华平易近人的人格魅力，给大家留下了深刻的记忆。

在中医药迎来稳步发展的今天，依托国医大师传承工作室建设，西安市中医医院针灸学科乘势而上，成长为陕西省中医重点专科、西安市医学重点学科和优势专科。今年是石学敏院士从医执教60周年，回想起与石院士交往的点点滴滴，心中不由生出万千感慨。他如同一盏不灭的指路明灯，永远指引我们在守正创新的道路上一路前行。

深圳市宝安区中医院技术推广实录

深圳市宝安区中医院院长 周鹏

一腔热血育桃李，妙手银针济苍生。值此石学敏院士从医执教 60 周年之际，向石学敏院士表达最诚挚的谢意！感谢石学敏院士对深圳市宝安区中医院针灸学科及全院发展的帮助，感谢石院士对粤港澳大湾区人民健康事业的无私奉献！

一、高瞻远瞩，助力学科高质量发展

2013 年伊始，我院有幸邀请石院士规划深圳市宝安区中医院康复科、针灸专科发展，为针灸科成立奠定基础。2014 年，宝安区中医院建立了深圳市首家针灸学科国医大师传承工作站。通过专家门诊、业务指导、专题讲座等形式，开展技术推广、学术传承，使我院医疗服务能力全方面提升。

石学敏院士对学科发展规划具体体现在"三大支撑"。第一，以"醒脑开窍针刺法""活血散风"等技术维度的"技术支撑"；第二，对学科的人才培养、优势病种培育、卒中单元设计的"管理支撑"；第三，夯实学科科研基础，培育科研团队的"科技支撑"。

石学敏（前排左三）在深圳宝安区中医院技术推广时留影

依托国医大师传承工作室建设，石学敏院士为我院针灸科发展开出了精准处方。我院制定了"全院有针灸，针灸在全院"的指导思路，成立针灸临床研究应用中心，在院内骨科、糖尿病科、心血管科、脾胃病科、肺病科等20多个科室开展针灸等中医适宜技术，打造"中医针灸临床基地"。我院多次选派技术骨干医师赴天津参加"醒脑开窍针刺法"学习班以提升专业技术水平，参研石院士团队多项临床试验课题。

2017年，我们乘势而上，成立针灸康复医院，建立针灸科病房；2019年，我院成立了"石学敏院士中医（针灸）临床医学研究实验室"，成功举办了"石学敏院士学术经验学习班""石学敏国医大师学术思想研修班""石学敏名医传承研修班"，其中连续举办的"深圳宝安国际针灸学术研讨会"提升了学术影响力；2020年，针灸康复医院建设成为广东省首家针灸医院。针灸科先后获批深圳市宝安国际针灸临床研究中心、深圳市中医特色专科、广东省中医重点专科，并荣获"中国中医医院优秀区县临床专科""2021届中国中医院最佳临床型专科针灸科"等称号。

二、大医精诚，护佑大湾区百姓健康

在石院士指引下，深圳市宝安区中医医院现已形成学历结构、年龄结构合理，具备专业技术能力、科研攻关能力的学术梯队，形成以"醒脑开窍针刺法"为特色，集诊断、治疗、康复、预防等为一体的规范化中风病防治体系，构建了以中医针灸为特色的诊疗中心，使中医针灸这一卓越的中医疗法进一步服务粤港澳大湾区老百姓。

石院士每每亲临我院，不顾舟车劳顿，亲自为患者施针治疗，他和蔼可亲、平易近人的人格魅力，精湛的医术，让饱受疾病折磨的患者展露笑颜。鹤发银丝映日月，丹心热血沃新花，从医执教六十载，矢志不渝！

再次感谢石学敏院士对宝安区中医院针灸学科及全院发展的无私帮助！感谢石院士对粤港澳大湾区人民健康事业的无私奉献！再次恭祝石学敏院士福寿绵长，健康永驻！

附录三　石学敏院士学生名录

　　石学敏院士是天津市第一位中医博士生导师，一直致力于针灸人才培养，他的学生遍布全国乃至世界各地。自 1984 年以来，石学敏院士培养了国内博士 75 人，硕士 41 人；海外博士 35 人，硕士 22 人；博士后 5 人，传承博士后 2 人；国家中医药管理局全国老中医药专家学术经验继承工作继承人员 10 人。海外学生遍及美国、德国、日本、韩国、蒙古、巴勒斯坦、尼泊尔、新加坡、泰国、马来西亚、澳大利亚、伯利兹、埃及等 13 个国家，促进了中医针灸的学术传承，推动了中医药国际化发展。

附表 1：石学敏院士国内博士生名单

授予学位年份	姓　名	授予学位年份	姓　名
1990	李　力	1999	刘一凡
1992	李　平	1999	张春红
1992	翟　娜	2000	肖延玲
1993	王　舒	2001	程　宇
1994	蒋戈利	2001	傅立新
1995	杜元灏	2002	郭永明
1997	来丽萍	2002	沈小明
1997	王学瑞	2003	樊小农
1997	杨增瑞	2003	侯　庆
1998	冀来喜	2004	申鹏飞
1998	孟智宏	2004	许军峰
1998	郑建刚	2005	姜　文

授予学位年份	姓 名
2005	刘立安
2005	刘 涛
2005	马玉侠
2005	赵晓峰
2006	唐克镔
2006	丁 晶
2006	郭 丽
2006	温景荣
2006	熊 杰
2006	赵瑞珍
2007	王广军
2008	张智龙
2008	杨明星
2008	杨志新
2009	史慧妍
2009	李雅洁
2010	许明辉
2010	张玮函
2010	陈泽林
2011	王金贵
2011	倪丽伟
2012	黄于哲
2012	牟 蛟
2012	周焱焱
2013	李凌鑫
2013	康明明

授予学位年份	姓 名
2013	王 晶
2014	罗 丁
2014	佟媛媛
2014	赖怡君
2015	寇 鹏
2015	王 琪
2015	朱 原
2016	宁丽娜
2016	王子旭
2016	王文熠
2016	陈宥伊
2017	刘 敬
2017	周 熙
2017	谭 涛
2017	赵文莉
2018	蒋荣民
2018	郑海珍
2018	郭蕴萍
2019	杜新宇
2019	刘佩东
2019	牛舰霏
2020	冯闪闪
2021	贺秋霞
2021	谭晓婵
2021	周诗远

附表2：石学敏院士国内硕士生名单

授予学位年份	姓 名	授予学位年份	姓 名
1988	周时伟	2016	金娇娇
1988	张立津	2016	李溪蹊
1989	马宝义	2016	张 茜
2003	金锦兰	2016	孙 锐
2010	常颖慧	2016	黄泓文
2011	周 萍	2017	史智敏
2011	李景轩	2017	黄惠媛
2013	李 想	2017	胡春晓
2014	罗玲玲	2017	殷漫（殷向洋）
2014	郭 爽	2018	杨 洁
2014	郭晓艳	2018	王 悦
2014	王 炎	2018	孙元杰
2014	蔡子隽	2018	于海莎
2014	郭婷华	2019	蒋园园
2014	罗笑琳	2019	俞晓旸
2014	王焕程	2019	宋会会
2015	刘春霞	2019	杨 帆
2015	陈 光	2020	杨 润
2015	李薇薇	2020	吴佳明
2016	陈 超	2021	郝 婷
2016	王晨瑜		

附表3：石学敏院士海外博士生名单

授予学位年份	姓　名	国　籍
2000	马岩璠	伯利兹
2004	LEE SEUNG JUN 李承俊	韩国
2005	LEE YOUNG W 李镕源	美国
2005	CECILIA GULYAS 邢淑仪	美国
2005	金龙洙	韩国
2006	LEE SOO HYUN 李修贤	韩国
2006	SHIN JANG HO 申将浩	韩国
2006	金伦毅	韩国
2007	陈钟完	韩国
2010	PARKNAMKYU 朴南奎	韩国
2010	MINKYUNGJIN 闵庚震	韩国
2010	JUNGMINSOOK 郑民未	韩国
2010	KOHEUNSONG 高恩颂	韩国
2011	HANKWANGCHUL 韩光喆	韩国
2011	LEEGUNJIN 李建镇	韩国
2011	PARKJIYEON 朴志娟	韩国
2011	JINGLIU 刘　静	美国

授予学位年份	姓　名	国　籍
2011	BUYANKHISHIGMUNKHTUYA 木　极	蒙古
2012	LEE MIN JUNG 李旻贞	韩国
2013	CHOI EUN TAIK 崔银泽	韩国
2013	MURAKAMI SHIHO 村上朱保	日本
2014	HWANG IN MYUNG 黄寅民	韩国
2015	CHAOMING CHEN 陈兆铭	美国
2015	SEOL MIN YOUNG 薛珉英	韩国
2016	HUANG HSIAOLING 黄晓玲	美国
2016	CLAYTON SHIU 邵志成	美国
2016	YOON BEUNG KWON 尹炳权	韩国
2017	TA YA LEE 李达雅	美国
2017	SEO HAE DO 徐海涛	韩国
2018	PARK KIBEUM 朴起范	韩国
2018	PETER QING LIU 刘　青	美国
2019	KIM HYUN JUNG 金炫廷	韩国
2019	MOHAMMED M.M.QASHMAR 汉　德	巴勒斯坦
2019	PRADEEP K.C. 普　龙	尼泊尔
2019	ZHANG GUODONG 张国栋	美国

附表4：石学敏院士海外硕士生名单

授予学位年份	姓 名	国 籍
1994	阿 德	埃及
1995	余思颖	新加坡
2001	FLORIAN VON DAMNITZ 弗罗里安	德国
2011	LEEJYEON 李知彦	韩国
2011	CHOICHEENHEE 崔珍熙	韩国
2011	YAMAMOTOAKI 山本阿纪	日本
2012	SHIN HYEN SIK 申显植	韩国
2012	KIM MI KYOUNG 金美卿	韩国
2013	RA INJA 罗仁子	韩国
2014	LEE SUNG HOON 李成勋	韩国
2014	ONG ZHI LIN MELISSA 王稚琳	新加坡
2015	DO LE MI 都莲美	韩国
2016	HWANG HYE JIN 黄慧珍	韩国

授予学位年份	姓　名	国　籍
2016	PHUKIJJ LAOJERUNKUL 邹天行	泰国
2016	PEETICHA AMRIT 刘明慧	泰国
2016	CHONG SHANG YEH 钟尚烨	马来西亚
2016	HUANG JIE 黄　婕	澳大利亚
2017	TAN CHEE YONG 陈志勇	马来西亚
2017	LEE DONGYEOP 李东烨	韩国
2017	LEE JUNGYEON 李正涎	韩国
2018	WASURAT SUPSIRIPAN 杨茂才	泰国
2018	CHUNG SINHWA 丁新华	韩国

附表5：石学敏院士博士后人员名单

博士后出站年份	姓 名	类 别
2005	倪光夏	博士后
2007	郭 琳	博士后
2011	陈尚杰	博士后
2015	王 佳	博士后
2017	郭 妍	博士后
2016	李桂平	传承博士后
2017	许军峰	传承博士后

附表6：石学敏院士全国老中医药专家学术经验继承工作继承人员名单

传承年份	批 次	姓 名
1997	第二批	李金波
2002	第三批	李 澎
2008	第四批	田晓芳
2008	第四批	杜宇征
2012	第五批	戴晓矞
2012	第五批	蔡 斐
2018	第六批	满 斌
2018	第六批	赵 琦
2022	第七批	张 鹏
2022	第七批	李孟汉

附录四 石学敏院士学术年表

石学敏院士著作及参与出版主要图书

《实用针灸学》，天津科学技术出版社，1981 年。

《实用针灸学》，天津科学技术出版社，1985 年。

《当代中国针灸临证精要》，天津科学技术出版社，1987 年。

《石学敏针灸临证集验》，天津科学技术出版社，1989 年。

《中国针灸治疗学》，中国科学技术出版社，1990 年。

《中国针灸奇术》，天津科技翻译出版公司，1992 年。

《中医纲目》（上、下册），人民日报出版社，1993 年。

《石学敏针灸学》，天津科学技术出版社，1996 年。

《针灸推拿学》，中国中医药出版社，1996 年。

《抓痧·中医绝活》，天津科学技术出版社，1997 年。

《针灸治疗学》，上海科学技术出版社，1998 年。

《中风病与醒脑开窍针刺法》，天津科学技术出版社，1998 年。

《汉英双解针灸大辞典》，华夏出版社，1998 年。

《中华推拿奇术》，天津大学出版社，1998 年。

《中西医临床急症学》，中国中医药出版社，1998 年。

《当代针灸治疗学》，南开大学出版社，1998 年。

《石学敏现代医院管理思想》，天津人民出版社，1998 年。

《中华康复治疗全书》，南开大学出版社，2000 年。

《针灸治疗学》，人民卫生出版社，2001 年。

《针灸学》（普通高等教育"十五"国家级规划教材），中国中医药出版社，2002年。

《针灸推拿学》，中国中医药出版社，2002年。

《中西医临床查房手册》，人民卫生出版社，2002年。

《现代慢性疼痛治疗学丛书》，人民军医出版社，2003年。

《常见病实用针灸配方》，人民卫生出版社，2003年。

《家庭食养疗手册》，南开大学出版社，2003年。

《针灸学》（新世纪全国高等中医院校规划教材），中国中医药出版社，2004年。

《中医针灸临床手册》，上海科技出版社，2004年。

《针灸学习题集》，中国中医药出版社，2005年。

《石学敏针灸全集》，科学出版社，2006年。

《针灸学》(新世纪全国高等中医药院校规划教材)，中国中医药出版社，2006年。

《国际针灸教育》，中国中医药出版社，2006年。

《石学敏针灸学》（英文版），人民卫生出版社，2007年。

《脑卒中与醒脑开窍》，人民卫生出版社，2007年。

《针灸学》(全国高等学校中医药对外教育规划教材)，高等教育出版社，2007年。

《针灸学》（普通高等教育"十一五"国家规划教材），中国中医药出版社，2007年。

《中华针灸临床诊疗规范》，江苏科学技术出版社，2007年。

《石学敏实用针灸学》，中国中医药出版社，2009年。

《中医内科学》（新世纪全国高等中医药院校针灸专业创新教材），中国中医药出版社，2009年。

《石学敏针刺手法》，福建科学技术出版社，2010 年。

《针灸治疗学》（中医药学高级丛书），人民卫生出版社，2011 年。

《石学敏临证实验录》，人民卫生出版社，2012 年。

《石学敏院士集》，人民军医出版社，2012 年。

《石学敏中医技法临证精讲丛书》（6 册），人民军医出版社，2015 年。

《石学敏针灸全集》，科学出版社，2016 年。

《脑卒中和醒脑开窍》，科学出版社，2016 年。

《经穴养生就是特效药》，吉林科学技术出版社，2017 年。

《中华医学百科全书·针灸学卷》，中国协和医科大学出版社，2017 年。

《石学敏针灸学》（西班牙文版），人民卫生出版社，2017 年。

《石学敏针灸学》（法文版），人民卫生出版社，2018 年。

《中华推拿奇术》，中国医药科技出版社，2018 年。

《国医大师石学敏》，中国医药科技出版社，2018 年。

《国医大师石学敏针灸验案特辑》，中国医药科技出版社，2018 年。

《中华康复大全》，中国医药科技出版社，2019 年。

《中国针灸大成》，湖南科学技术出版社，2020 年。

石学敏院士国外出版著作

《针灸临床的理论与实际》（外文版），日本国书刊行会，1980 年。
《脑血管障害的针灸治疗》，日本东洋学术出版社，1991 年。

石学敏院士主要科研奖项

针刺治疗中风（脑梗死）临床研究，1982 年天津市科技进步二等奖。

针刺手法量学，1986 年天津市科技进步三等奖。

针刺手法量学，1986 年全国（部级）中医药重大科学成果乙级奖。

"醒脑开窍针刺法"对中风病的疗效机制的实验研究，1991 年天津市科技进步二等奖。

针刺治疗中风的临床与实验研究，1991 年国家中医药管理局中医药科技进步二等奖。

血液流变学对脑血栓形成的作用机理探讨研究，1991 年国家中医药管理局中医药科技进步二等奖。

《石学敏针灸临证集验》，1991 年第六届北方十省市（区）优秀科技图书二等奖。

"醒脑开窍针刺法"形态及组织化学实验研究，1992 年天津市科技进步二等奖。

"开辟教学新途径，培养针灸新人才"教学成果，1993 年荣获国家教育委员会颁发的国家级优秀教学成果一等奖。

"开辟教学新途径，培养针灸新人才"教学成果，1993 年天津市普通高校优秀教学成果一等奖。

针刺治疗"喑痱""类噎嗝"325 例的临床分析及实验研究，1993 年国家中医药管理局中医药科技进步三等奖。

针刺治疗"喑痱""类噎嗝"325 例的临床分析及实验研究，1993 年天津市科技进步三等奖。

针刺治疗病态窦房结综合征的临床与电生理实验研究，1994 年天津市科技进步二等奖。

针刺的脑机制——正常大鼠脑对不同穴位刺激反应的形态学研究，1994 年天津市科技进步三等奖。

"醒脑开窍针刺法"治疗中风病临床及实验研究，1995年国家科技进步三等奖。

针刺对快速老化痴呆模型小白鼠（SAM-P/8）脑功能影响的实验研究，1995年天津市科技进步二等奖。

针刺对大鼠急性脑局部缺血模型脑微血管系统机能和形态的影响研究，1995年天津市科技进步三等奖。

风池穴不同针法对椎基底动脉供血不足患者颅底血流动力学的影响研究，1996年天津市科技进步三等奖，第二完成者。

"开辟教学新途径，培养针灸新人才"教学成果，1996年天津市普通高校优秀教学成果一等奖。

《中医纲目》，1996年天津市科技著作二等奖。

《石学敏针灸学》，1997年天津市科技著作二等奖。

"醒脑开窍针刺法"治疗中风病临床及实验研究，1997年国家教育委员会科技进步二等奖。

针刺对快速老化痴呆模型鼠活性基因作用机制与临床关系的研究，1997年天津市科技进步二等奖。

"醒脑开窍针刺法"治疗急性出血性中风的临床研究，1997年天津市卫生局科技进步一等奖。

芒针治疗慢性前列腺炎的临床研究，1997年天津市科技进步三等奖，第二完成者。

"醒脑开窍针刺法"治疗中风病的临床及实验研究，1998年天津市第三届科技兴市突出贡献奖。

针刺防治急性脑梗死并发心脏损伤的研究，1998年天津市卫生局科技进步一等奖。

针刺对快速老化脑萎缩模型小白鼠（SAM-P/10）行为学细胞凋亡影响的
　　实验研究，1998年天津市卫生局科技进步一等奖。

针刺干预急性脑出血大鼠的实验研究，1998年天津市卫生局科技进步二
　　等奖。

《中国针灸奇术》，1998年天津市卫生局科技著作二等奖。

针刺对快速老化脑萎缩模型鼠行为学及细胞凋亡相关因素影响的研究，
　　1999年天津市科技进步三等奖。

针刺对快速老化脑萎缩模型小鼠SAM-P/10脑、肝抗氧化酶活性及其基
　　因表达水平影响的实验研究，1999年天津市科技进步二等奖。

针刺对快速老化脑萎缩模型小鼠SAM-P/10脑、肝抗氧化酶活性及其基
　　因表达水平影响的实验研究，1999年天津市卫生局科技进步一等奖。

衰老相关基因的筛选及针刺干预作用的实验研究，2000年天津市科技进
　　步二等奖。

针灸治疗大动脉炎（头臂动脉型）的临床及实验研究，2000年天津市科
　　技进步二等奖，第二完成者。

针刺对实验性脑梗死（MCAO）大鼠脑组织细胞凋亡及c-fos基因表达影
　　响的实验研究，2000年天津市科技进步三等奖，第二完成者。

2000年何梁何利基金科学与技术进步奖。

2001年香港求是科技基金会杰出科技成就集体奖。

针刺治疗中风病的研究，2001年天津市自然科学二等奖。

调神益肾针法治疗更年期综合征的研究，2002年天津市科技进步三等奖。

老年性痴呆异常表达基因的筛选及芯片的研制，2002年天津市科技进步
　　二等奖。

针刺治疗老年期痴呆的临床及基础研究，2003年天津市科技进步二等奖。

"石氏中风单元"，2003 年国家中医药管理局全国中医药科技成果推广
　项目。

"调神益智、平肝通络"针法治疗老年期痴呆的研究，2003 年中华中医
　药学会科学技术二等奖。

经筋刺法治疗周围性面神经麻痹的临床疗效及机理研究，2003 年天津市
　科技进步三等奖，第二完成者。

老年性痴呆异常表达基因的筛选和芯片的研制及针刺对快速老化鼠脑
　MT mRNA 表达的影响研究，2004 年中华中医药学会科学技术一等奖。

《石学敏针灸学》，2004 年中华中医药学会科学技术学术著作三等奖。

针刺干预脑梗死的微血管机制研究，2004 年天津市自然科学三等奖，第
　四完成者。

针刺治疗郁证疗效评价及对神经内分泌、免疫等相关因素的影响研究，
　2005 年天津市科技进步二等奖。

丹芪偏瘫胶囊，2006 年天津市科学技术进步三等奖。

"醒脑开窍针刺法"治疗急性脑梗死临床疗效评价及蛋白质组学研究，
　2007 年天津市科技进步二等奖。

针刺治疗缺血性脑血管病的研究，2009 年天津市科技进步一等奖。

经穴特异性效应及其关键影响因素研究，2011 年教育部科技进步二等奖。

经穴特异性效应及其关键影响因素研究，2012 年天津市科技进步三等奖。

附录五　石学敏院士大事记

1938 年　　　　　出生于天津市西青区今大寺镇

1957 年　　　　　就读于天津中医学院，成为该校首届大学生

1962 年　　　　　在天津中医学院第一附属医院工作，并至今

1964 年　　　　　赴北京参加卫生部全国中医针灸修班

1968 年至 1971 年　参加中国援助阿尔及利亚医疗队，担任副

　　　　　　　　　　队长，并光荣完成任务，被授予光荣证书

1973 年　　　　　出任天津中医学院附属医院新医科（后改为针

　　　　　　　　　灸科）主任，并率先建立针灸病房

20 世纪 70 年代初　创立"醒脑开窍针刺法"

1980 年　　　　　出任天津中医学院附属医院副院长

1981 年　　　　　主编出版第一部著作《实用针灸学》

1982 年　　　　　"醒脑开窍针刺法"获天津市科技进步二等奖，

　　　　　　　　　为天津中医学院第一附属医院第一个科研成果

1983 年　　　　　出任天津中医学院第一附属医院院长

1984 年　　　　　成为硕士研究生导师

1986 年　　　　　主持完成的"针刺手法量学"成果获全国（部级）

　　　　　　　　　中医药重大科技成果乙级奖

1987 年　　　　　成为天津市中医界第一位博士研究生导师

1988 年　　　　　被卫生部授予"全国医疗行业优秀院长"称号

1990 年	获中华人民共和国人事部"中青年有突出贡献专家"称号
1993 年	主持完成的"开辟教学新途径，培养针灸新人才"教学成果，荣获国家教育委员会颁发的国家级优秀教学成果一等奖
1995 年	主持完成的"'醒脑开窍针刺法'治疗中风病临床和实验研究"获国家科技进步三等奖
1996 年	主持完成的"独辟新径，探索中医博士生培养之路"获天津市普通高校优秀教学成果一等奖
1997 年	被确定为全国首批老中医药专家学术经验继承指导老师
1997 年	获天津市第一届"十佳医务工作者"称号
1998 年	"醒脑开窍针刺法治疗中风病"被列为国家级科技成果重点推广计划之一
1999 年	被天津市科学技术委员会授予"天津市荣誉授衔专家"称号
1999 年	当选为中国工程院院士
2000 年	获何梁何利基金科学与技术进步奖
2001 年	荣获香港求是科技基金会杰出科技成就集体奖
2003 年	任天津中医学院第一附属医院名誉院长
2003 年	"石氏中风单元"被国家中医药管理局确定为 2003 年度全国中医药科技成果推广项目
2004 年	主持完成的老年性痴呆异常表达基因的筛选和芯片的研制及针刺对快速老化鼠脑 MT mRNA 表达的影响研究获中华中医药学会科学技术一等奖

2006 年	获中华中医药学会"首届中医药传承特别贡献奖"
2008 年	荣获"天津名中医"称号
2008 年	获世界中医药学会联合会"王定一杯中医药国际贡献奖"
2008 年	石学敏院士学术思想研究室正式揭牌
2009 年	主持完成的"针刺治疗缺血性脑血管病的研究"获天津市科技进步一等奖
2011 年	获第六届天津市高等学校教学名师奖
2012 年	石学敏教授从医 50 周年学术经验研讨会在津召开
2012 年	美国加州中医药大学举行中国工程院石学敏院士"醒脑开窍针法"在美传承暨研究中心成立大会及揭牌仪式
2014 年	当选中国第二届"国医大师"
2016 年	获"中国针灸传承贡献奖"
2017 年	国医大师石学敏院士学术思想研讨会在天津中医药大学第一附属医院召开
2017 年	荣获世界针灸学会联合会首届"天圣铜人"世界针联学术突出贡献奖
2018 年	当选国家级非物质文化遗产项目针灸代表性传承人
2018 年	获国家卫健委、中国文明办颁发的"中国好医生"荣誉称号
2019 年	获"最美医生"荣誉称号
2019 年	天津中医药大学第一附属医院获批第四批国家中医（针灸）临床医学研究中心，石学敏院士任中心主任

2019 年	天津市石学敏中医发展基金会成立
2019 年	获"全国中医药杰出贡献奖"
2019 年	获中国医学科学院首届"学部委员"称号
2020 年	获中国中医科学院最高学术称号"中国中医科学院学部委员"
2021 年	荣获"敬佑生命·荣耀医者"公益活动最高荣誉"生命之尊"奖
2022 年	荣获谢赫·扎耶德国际针灸奖
2022 年	获中国中医科学院、北京岐黄中医药文化发展基金会第三届"岐黄中医药传承发展奖"

　　书稿即成，付梓之际，难免五味杂陈、百感交集。

　　2009 年，我结束了委托培养的学程，从南开大学回到母校天津中医药大学，无数个晨曦黄昏，常望着天津中医药大学第一附属医院国际医疗康复大厦，怔怔出神。那里有一个传奇，一个属于针灸的传奇，而这个传奇主人公，正是石学敏院士。

　　虽没有得见石院士真容，但心中早已勾勒出石院士——这位当代医家名流的形象，想必定如远古神祇一般，三头六臂，无所不能。

　　2012 年仲夏，幸得良机初见石院士，构思良久将如何做一番慷慨陈词。然而真正得见，我竟一句话都说不出，支吾了半天，抬头望见石院士正轻拭他鬓边滑落的汗珠，还竟同我开玩笑，你看，我见你也十分紧张。

　　那一年，我成了石院士的学生。

　　作为导师的学生，年轻一代的我们所见到的针灸学科已是繁华盛世，数不清的荣誉称号、全国针灸学界乃至世界仰慕的目光……这一切无不是导师和针灸学科前辈们踔厉奋发、赓续前行的成果。

今年适逢导师从医执教 60 周年之喜，针灸学科杜宇征主任、戴晓矞主任、马泰主任提议以此为契机，梳理凝练导师奋斗历程，以勉励后学。

从全国针灸研修班博采众长，到圆满完成阿尔及利亚医疗援助任务载誉归来，重建针灸科；再到创立"醒脑开窍针刺法"治愈中风患者无数，并率先提出针刺手法量学理论，形成集针灸、药物、康复、心理、膳食、预防于一体的"石氏中风单元"；带领天津中医药大学第一附属医院实现跨越式发展，银针闪烁，光耀全球，中医针灸逐步独秀于世界医学之林。

我醉心神往于峥嵘岁月中开创纪元的针灸故事，每一个熟悉又模糊的名字背后，都是一段不可磨灭的历史。导师一个甲子的岐黄历程，如同璀璨的星河，熠熠生辉，在历史的洪流激荡中，一次次抉择中勇毅前进，引领未来！

诚然，我知道他是中医学巨擘、国医大师、中国工程院院士，现代针灸的奠基人，不知从何处迸发的勇气，竟敢以这样的年岁，独凭痴心与赤诚，向导师毛遂自荐，担纲此项工作，听导师亲自讲述属于他一个甲子的医路传奇。

当我向导师陈情此事时，导师并没有任何迟疑就答应了："好，欢迎你时常来，我们聊聊天。"

于是，我开始频繁出入导师家，导师总是饶有兴致地讲述他的故事：地中海沿岸的秀美风光，广袤无垠的撒哈拉沙漠，执行外交任务的数次博弈……

导师逾 80 岁高龄，仍思维敏捷，清晰记得踏足过的山川河流，同他有过交集的挚亲旧友，其间还不时冒出几句幽默风趣的俚语，带领我们穿梭时空，在属于他的年代游历。

导师孜孜不倦地讲述着，竟然没有丝毫怀疑，眼前这个不知天高地厚的年轻医生，不过三十几岁，如此年纪，阅历不丰，如何练达成悠扬文字，将他精彩卓绝的故事娓娓道来。

侥幸，不负所托，百日之内，有所小成，将导师的故事录成文字，归纳成章节，配以图片映衬说明。但终究迫于时间，遗憾错漏之处难以计数。针灸学科众多彪炳于史册的名字、事例，没有得以全貌展示，未能将导师一个甲子的医路历程生动刻画，不过是管窥一豹，愧对对本书给予厚望的领导们，更愧对导师。

但当我听说我的导师，这位饮誉全球的针灸院士，欣喜本书小成，高兴地讲："你看，她终究把事做成了，我选的人没有错。"

每每想到此，止不住热泪盈眶。

鉴往知来，能如此近距离领略导师思想之高远，已是毕生无上财富；人生纵然有无数悲喜际遇，得这样一位导师，是可遇而不可求的至幸之事。

在此，诚挚感谢给予本书极大支持的针灸学科第一代开拓者武连仲教授、卞金玲教授、李妍教授、李军教授，感谢专家们对后学孜孜不倦的关爱。

诚挚感谢杜宇征教授、戴晓矞教授、马泰主任，信任我编纂此书，并给予不遗余力的支持。

由衷感谢负责学术审校工作的樊小农教授、刘健教授，两位老师从立项之初便为提升本书质量，牺牲了大量宝贵时间。

感谢对本书出版提供大力支持的天津人民出版社，感谢本书责任编辑刘庆社长，总编辑王康老师，编辑室主任王琤老师，编辑杨轶老师、李佩俊老师，以及美术编辑王烨老师，是您们的共同努力，玉成此书。

初稿撰写时于收尾处颇为困难，究其因由，导师思想高远深邃，向导师研习之路永无休止，势必不能于此事画上句号，唯望方家修正，以待再版，弥补前过。

罗笑琳

2022 年 8 月